LES 40 CLÉS DE L'IMMOBILIER

Bertrand Savouré
Marie Blanchard

LES 40 CLÉS DE L'IMMOBILIER

Acheter au bon prix et en toute sécurité

Éditions
EYROLLES

Éditions Eyrolles
61, bd Saint-Germain
75240 Paris Cedex 05

www.editions-eyrolles.com

ISBN : 978-2-212-56796-0

SOMMAIRE

Comment réaliser l'opération ?

INTRODUCTION

Les 40 clés de l'immobilier
Acheter au bon prix et en toute sécurité

L'accession à la propriété, un enjeu public autant que privé

Devenir propriétaire, c'est, pour beaucoup de Français, l'ambition d'une vie. Bâtir et aménager un logement à son image, se libérer des contraintes de la location, transmettre un patrimoine à ses enfants ou encore, tout simplement, trouver son lieu de vacances idéal... Selon les cas, cette ambition peut revêtir des objectifs variés. Tout aussi diverses apparaissent les modalités suivant lesquelles peut se réaliser le projet, même si près de 9 actifs sur 10 aimeraient opter – à condition d'en avoir la possibilité – pour une maison individuelle.

Mais on n'acquiert pas de la même manière dans toutes les régions ou toutes les villes, selon l'âge que l'on a atteint, ou encore selon la catégorie socioprofessionnelle à laquelle on appartient. Ainsi, disposer d'une maison spacieuse où les combles sont aménageables ou permettant de réaliser une extension peut apparaître essentiel pour qui doit loger une famille avec enfants, alors qu'un jeune célibataire se contentera plus volontiers d'un appartement petit, mais situé au cœur de l'animation d'une grande ville. De même, les retraités préfèrent parfois troquer la charge de l'entretien d'une maison contre la commodité d'une habitation collective. Le cadre moyen, qui peut aspirer à une belle maison à proximité d'une ville moyenne, sera, à Paris ou à Bordeaux, conduit à resserrer ses ambitions au sein d'un appartement de dimension modeste.

Nul doute que chacun puisse trouver le type de produit qui lui convient, car le parc immobilier français se caractérise par sa grande hétérogénéité en termes d'emplacement, de type de construction, de voisinage, de niveau de confort, de superficie, de nombre de pièces... Une tendance se dessine cependant : les acquéreurs portent généralement (à 80 %) leur choix sur un bien « ancien », c'est-à-dire un logement qui a déjà fait l'objet d'au moins une transmission. Il leur serait d'ailleurs difficile de faire autrement : la très grande majorité des maisons et appartements offerts à la vente, en France, a été construite il y a plus de 20 ans (près du tiers des habitations a même été bâti il y a plus de 50 ans) !

Il n'en reste pas moins que, du rêve à la réalité, il y a un pas de plus en plus difficile à franchir. L'accession à la propriété rencontre depuis plusieurs années des freins importants, en tout cas dans les milieux urbains. En cause : le prix du mètre carré qui, depuis 40 ans, a augmenté de manière régulière (malgré des périodes plus ou moins brèves de reflux) et rendu l'acquisition d'une maison ou d'un appartement inabordable pour certains de nos concitoyens. Ainsi, il faut 30 ans à un ménage de deux adultes avec un enfant pour devenir propriétaire d'un appartement de 65 m^2 au centre du Grand Paris, contre 15 ans à Lyon et à Bordeaux, 12 ans à Toulouse ou 11 ans à Rennes !

Le rapport du commissariat général à l'égalité des territoires sur la cohésion des territoires de juillet 2018[1] met en évidence la difficulté qu'éprouvent, en particulier, les plus modestes à se loger dans les zones urbanisées. Au sein du Grand Paris, par exemple, les professions supérieures sont surreprésentées au centre de la capitale, quand les classes moyennes et populaires s'en trouvent progressivement exclues, contraintes de s'éloigner vers la périphérie.

Aussi la question du logement occupe-t-elle aujourd'hui une place centrale dans les politiques publiques. Bien que certains économistes mettent en cause l'efficacité des politiques du logement, les pouvoirs publics n'ont cessé de proclamer leur désir d'aider les accédants à la propriété. Les dispositifs mis en œuvre se sont succédé inlassablement : subventions directes, aides fiscales, bonifications de prêts, aides personnelles au remboursement… Si l'on connaît certaines des initiatives de l'État à cet égard, beaucoup ignorent que les collectivités locales (communes, départements, régions) ou des établissements publics (aides de l'Anah, de l'Ademe, etc.) offrent, eux aussi, certains instruments. Cette aide des pouvoirs publics est appréciable pour les accédants à la propriété. Car même si les ménages ont profité du niveau exceptionnellement bas des taux d'intérêt, ils ont dû, dans le même temps, supporter les hausses considérables des prix de l'immobilier… À Paris, par exemple, les prix constants (c'est-à-dire tenant compte de l'inflation) ont plus que triplé au cours des 30 dernières années ! Si bien que les Français consacrent désormais près de 20 % de leurs revenus aux dépenses de logement, selon l'Insee.

Le logement se situe, en outre, au carrefour de nombreux enjeux politiques. Perçu par les pouvoirs publics comme un facteur de stabilité sociale et de responsabilisation, le statut de propriétaire est souvent considéré comme un outil d'intégration et d'implication dans la vie de la cité. L'immobilier représente également un secteur économique essentiel : le dynamisme de la construction génère croissance et recettes fiscales ; il procure des emplois précieux en période de chômage ; l'entretien et la modernisation du parc immobilier concourent aux objectifs environnementaux, par exemple au travers de la réduction des émissions de gaz à effet de serre…

1. www.cget.gouv.fr/sites/cget.gouv.fr/files/atoms/files/rapport-cohesion-france_juillet-2018.pdf

La vente immobilière, un processus juridique spécifique

À mesure que les pouvoirs publics ont encouragé l'accession à la propriété et que celle-ci s'est démocratisée, il est apparu nécessaire de procurer davantage de protection aux acquéreurs. S'en est suivie une évolution de la réglementation applicable à la vente immobilière, initialement régie par un principe de liberté contractuelle (le fait que le vendeur et l'acquéreur se mettent d'accord sur les points essentiels de la transaction suffisait traditionnellement à rendre la vente valable). L'acquéreur non professionnel, et encore plus le primo-accédant, ont été les bénéficiaires de toutes les protections mises en place depuis plus de 30 ans par les pouvoirs publics. Ne réalisant d'acquisition immobilière qu'une ou deux fois dans leur vie, ils n'étaient en effet pas censés connaître l'immeuble acquis, ni les différents pièges de la propriété.

C'est pourquoi la législation a été à plusieurs reprises modifiée. Par exemple, un délai de rétractation postérieur à la vente a été instauré afin de lutter contre les achats d'impulsion ou les offres de vente ne renseignant pas suffisamment l'acquéreur sur des éléments stratégiques. Cette possibilité, d'abord offerte à l'acquéreur qui ne pouvait pas trouver de prêt bancaire (loi Scrivener de 1979), a ensuite été élargie et trouve désormais son support lors de la signature de l'avant-contrat de vente. De la même manière, le législateur a imposé au vendeur la production de plusieurs diagnostics techniques afin de renseigner l'acquéreur sur certains aspects du logement en cause (gaz, électricité, amiante, risques naturels, miniers et technologiques, surface du bien...). La protection a, de même, été étendue aux contrats que l'acquéreur passe avec certains professionnels (banques, assurances...) pour réaliser son projet immobilier. L'objectif est d'amener le particulier à prendre la correcte mesure de la portée des contrats qu'il signe.

Mais, si le droit de la consommation a ainsi imprimé sa marque au droit de la vente immobilière, c'est au prix d'une certaine complexification, et surtout d'un véritable foisonnement des démarches à accomplir. La vente immobilière est devenue plus difficile à appréhender pour les non-spécialistes. Ce processus, qui requiert de la rigueur, s'échelonne désormais dans le temps.

Une telle présentation ne doit pourtant pas décourager. Si le processus de la vente immobilière est effectivement complexe, c'est afin de permettre la prise en compte de tous les intérêts en présence et, surtout, pour assurer au mieux leur protection. Les parties ne sont d'ailleurs pas seules pour affronter les démarches et diligences que requiert l'opération : agent immobilier, banquier, notaire, géomètre-expert, thermicien, services d'urbanisme... concourent à assurer la protection mise en place et accompagnent le vendeur, comme l'acquéreur, dans le parcours de la transaction immobilière.

Le notaire est, en particulier, appelé à jouer un rôle prépondérant pour réunir en amont tous les documents nécessaires à la conclusion de la vente, accomplir les formalités de publicité foncière et veiller à la bonne exécution du contrat. Expert du patrimoine immobilier, il est aussi compétent, à la demande des parties, pour leur apporter un conseil patrimonial approfondi et leur permettre d'intégrer le projet immobilier dans une perspective patrimoniale plus large. Quels sont les risques encourus pour l'acquisition d'un bien immobilier ancien ?

Comment hâter le processus de la vente immobilière ? Comment protéger, au regard de cette résidence, les enfants et/ou le conjoint si l'acquéreur décède ? Ces questions, et tant d'autres, sont celles qui intéressent les milliers de Français qui, chaque année, franchissent le seuil des offices notariaux en vue de mettre en œuvre leur projet.

Déterminer le juste prix d'un bien : mission impossible ?

Si la vente immobilière est aujourd'hui devenue une procédure très encadrée, les parties fixent toujours librement, pour l'essentiel, le prix de vente de l'immeuble. C'est pourquoi, même si l'achat immobilier implique une nécessaire prise de risque, il convient, sur ce point, de ne pas se déterminer à la légère. L'acquisition d'un logement constitue souvent le principal investissement d'une vie et il est important d'assurer la protection des acquéreurs face aux aléas.

L'une des questions les plus délicates concerne le « juste prix » d'un bien immobilier : non pas celui qui permet à l'une des parties de réaliser une « affaire », mais le prix qui, au contraire, ne lèse ni l'acquéreur ni le vendeur. Faut-il tenir compte, pour le déterminer, des travaux réalisés dans le logement ? Doit-on acheter plus cher un appartement situé à un étage élevé ? Comment valoriser une maison dotée d'un grand jardin ? Les facteurs de nature à influer sur la valorisation d'un bien immobilier sont nombreux, si nombreux, même, qu'il peut sembler difficile de démêler ceux d'entre eux qui joueront un rôle véritablement déterminant, ou comment les ordonner, s'il existe des spécificités locales, etc.

En outre, la multiplicité d'informations relayées par les médias ou disponibles sur Internet contribue le plus souvent à opacifier le marché de l'immobilier qu'à l'éclairer. Lire ou écouter le « ressenti » de spécialistes, parfois auto-déclarés, peut être trompeur. De tels témoignages peuvent être partiels, fondés sur une appréciation peut être déformée ou exagérée de la réalité. Certains de ces commentaires s'avèrent même totalement contradictoires. Et ils se fondent souvent sur la description d'un marché local – Paris ou un grand centre urbain –, lequel n'est pas nécessairement représentatif de la situation nationale.

En vérité, il est très aléatoire de se forger une opinion quant à la valeur d'un bien donné en se fondant sur celle d'un autre bien. Le prix qui sera finalement fixé dépend également du marché où ce bien est situé, de sa nature, de sa superficie... ou encore de la survenance d'un « coup de cœur » chez l'acheteur. Il n'existe pas deux biens parfaitement identiques. Même une moyenne de prix de logements ou un indice plus élaboré ne fournissent, en conséquence, que des informations très relatives. Pour être utile à un acquéreur, l'information doit être très localisée et porter sur des caractéristiques comparables. Enfin, la qualité de l'information sur le marché immobilier dépend de sa fraîcheur : il peut exister des variations saisonnières (il est par exemple plus facile de vendre une maison au printemps qu'en hiver), des évolutions très fortes certaines années (comme une progression de prix de 20 % à Paris en 2011), des risques de retournement soudain du marché... Faute de disposer des données pertinentes, les parties éprouveront donc du mal à se faire une idée précise du prix auquel le bien, objet de leur négociation, devrait être vendu.

Si notre pays a longtemps manqué d'indicateurs fiables, les ventes immobilières sont aujourd'hui, pour la plupart, enregistrées dans les bases d'information des professionnels de l'immobilier.

Le notariat, en particulier, fournit un effort soutenu pour permettre l'accès des investisseurs, particuliers comme professionnels, aux principales informations relatives aux ventes. Chargé du monopole des ventes immobilières, il a pris l'initiative d'élaborer des bases de données immobilières qui contribuent à renforcer l'information sur le marché. Exploitées de manière à préserver l'anonymat des parties, ces bases recensent de très nombreuses indications : prix et surface du bien vendu (ce qui permet de déterminer un prix moyen ou médian au mètre carré par commune ou arrondissement) ; étage du bien (pour un appartement) ; nombre de pièces ; présence d'un ascenseur ; nombre de salles d'eau ou de bain... Ces précisions sont systématiquement regroupées au sein des bases de données notariales depuis 1980 pour Paris, 1994 pour l'Île-de-France et 1996 pour les régions.

Ces bases constituent, avec d'autres, un relais précieux dans la recherche des informations permettant de déterminer le juste prix d'un bien, relais salué par les pouvoirs publics au travers de la loi de modernisation des professions juridiques et judiciaires du 28 mars 2011. Celle-ci a confié au notariat une mission légale de service public de diffusion de l'information sur les marchés immobiliers. L'instauration de ce service public a fait entrer la vente immobilière dans l'ère de l'information de masse disponible pour tous, dans des délais et avec un niveau d'information satisfaisants. Chacun est donc appelé à devenir un observateur averti des prix de l'immobilier de logement.

Les « clés de l'immobilier », à la croisée des ambitions

Répondre aux multiples défis que fait naître l'accession à la propriété, tel est le cœur du métier des notaires.

C'est une des missions qu'ils accomplissent quotidiennement auprès de leurs clients. Chaque jour, ils constatent combien le processus de la vente immobilière suscite de questionnements auxquels il convient de répondre, mais aussi d'espoirs qu'il convient de porter et de guider au cours de la préparation de la vente immobilière. Le présent ouvrage a pour première ambition de prolonger le travail ainsi accompli, en fournissant à ceux qui souhaitent acquérir une maison ou un appartement des informations précises, réalistes et concrètes sur la manière de mener à bien leur projet. Présenté sous forme de fiches thématiques, il souhaite livrer une vision claire et synthétique des principales évolutions du marché immobilier, des éléments essentiels de valorisation du bien, mais aussi des grandes étapes du processus de la vente.

Praticiens du droit de propriété, conscients des tensions qui caractérisent le marché du logement, les notaires souhaitent aussi s'associer à la réflexion menée quant à la meilleure manière de résoudre les difficultés des particuliers à accéder, à un prix abordable, à la propriété.

Même si la France a longtemps conservé une réticence à l'égard du droit et des juristes, il est aujourd'hui essentiel de pouvoir s'appuyer sur leur capacité d'innovation. Les notaires travaillent déjà à trouver, avec leurs clients, les moyens les plus adéquats de répondre aux attentes, qu'il s'agisse de protéger le conjoint survivant, de transmettre un patrimoine immobilier à la génération suivante, ou encore d'organiser l'utilisation d'un bien par des personnes différentes... Ils peuvent concourir à imaginer de nouvelles formes d'accès à la propriété adaptées aux objectifs et aux contraintes de chaque ménage, mais aussi à l'évolution de leurs besoins au fil du temps : famille recomposée, études ou retraite à financer, etc. Certains praticiens ont par exemple suggéré, afin de diminuer le coût de l'accession la propriété, que puisse être acquise la propriété du seul logement (à l'exclusion du foncier qui le porte), ou encore de limiter le droit de propriété à une durée limitée, le logement étant rendu à l'issue d'un bail de longue durée.

Ces expériences ont certes un impact limité pour l'instant, mais il faut les considérer pour ce qu'elles sont : un premier pas. Elles justifient de mobiliser l'ensemble des acteurs du secteur de l'immobilier pour concevoir des méthodes nouvelles d'accession à la propriété. Aux notaires, il a d'abord appartenu de sécuriser la transmission de la propriété : cette sécurisation est aujourd'hui un fait acquis en France et ne préoccupe guère nos concitoyens, quoiqu'elle constitue un des atouts majeurs de notre système de publicité foncière, système toujours en forte mutation. Aux notaires, aussi, de participer à la mise en place des exigences de nature technique, consumériste ou environnementale qui entrent en place progressivement. Aux notaires, dorénavant, de diffuser l'accès à la propriété dans des conditions de meilleure transparence sur les prix, grâce à la diffusion des données financières des ventes dans le cadre du service public de l'information immobilière confié au notariat. Car déterminer un juste prix, à tout moment, ne peut que contribuer à faire baisser la fièvre immobilière. Aux notaires, enfin, de proposer une refonte du droit de propriété.

Chaque étape du processus d'acquisition immobilière doit, en réalité, être prise en compte pour mesurer l'importance du défi que constitue l'accession à la propriété. Ambition souvent partagée (voir « Accéder à la propriété, un rêve pour beaucoup »), cette opération ne doit pas être concrétisée dans n'importe quelles conditions (voir « L'opportunité de l'investissement immobilier »). Le prix auquel elle peut être réalisée constitue, à cet égard, un critère essentiel de l'intérêt de cette opération (voir « Peut-on approcher le juste prix d'un bien ? »). Quant aux solutions concrètes au travers desquelles se réalisera le projet, elles doivent être, elles aussi, soigneusement définies (voir « Comment réaliser l'opération ? »).

Accéder à la propriété, un rêve pour beaucoup

Il n'est pas aisé de tracer les portraits-robots de l'acquéreur et du vendeur en France. Si devenir propriétaire est le rêve de beaucoup, mieux vaut être déjà bien installé dans la vie pour franchir ce cap, compte tenu du coût de l'accession à la propriété (fiche 1). L'observation montre aussi que le statut de propriétaire répond davantage à un parcours résidentiel sur le long terme, évoluant en fonction des besoins de la famille, de sa situation professionnelle ou de son état de santé, qu'à l'acquisition d'un bien immobilier déterminé (fiche 2). Acheter un bien immobilier n'a pas non plus la même signification pour tous : certains n'y voient qu'une manière de trouver un lieu de villégiature, voire de se constituer une source de revenus locatifs pour l'âge de la retraite, quand d'autres, peut-être plus nombreux, souhaitent trouver leur résidence principale et la construire et/ou l'aménager conformément à leurs désirs (fiche 3). Dans ce dernier cas, des études académiques mettent d'ailleurs en évidence un lien entre statut de propriétaire et bonheur : les propriétaires de leur résidence principale seraient plus heureux que les locataires (fiche 4) ! On comprend en tout cas qu'aider les particuliers à devenir propriétaires de leur logement soit devenu, depuis longtemps, un enjeu de politique publique, l'État cherchant à atténuer les difficultés liées à la cherté des logements. Des praticiens ont suggéré de nouvelles pistes pour encourager, eux aussi, l'accession à la propriété au travers, notamment, d'une réforme du droit de propriété : pourquoi ne pas limiter la propriété à une durée déterminée, ou au bâti à l'exclusion du foncier (fiche 5) ?

FICHE 1

L'acquéreur et le vendeur : portraits-robots

Qui devient propriétaire en Île-de-France et qui, inversement, vend son logement? À ces questions, les bases immobilières notariales, qui recensent les données relatives à toutes les transactions, permettent de fournir des réponses précises.

Pour acquérir, mieux vaut être bien installé dans la vie

> **En Île-de-France, l'accession immobilière semble de plus en plus réservée aux catégories les plus favorisées.**

43 % des acquéreurs de logements anciens étaient ainsi, en 2018, des cadres et dirigeants d'entreprises (soit une hausse de 10 points par rapport à 2008), alors que ces catégories socioprofessionnelles (CSP) ne représentent que 20 % de la population active. *A contrario*, la part des professions intermédiaires a chuté à 30 % (moins 3 points) et celle des employés et ouvriers à 20 % (moins 6 points). Quant aux retraités, il leur est également plus difficile d'acheter: leur part stagne à 6 % des acquéreurs, alors qu'ils sont de plus en plus nombreux dans la région (14 % en 2014).

En province, la part des retraités parmi les acquéreurs augmente au détriment de toutes les autres catégories. Cette part croissante peut s'expliquer par le désir de passer sa retraite «au soleil» ou, en tout cas, de quitter l'Île-de-France à cette période de sa vie. La part des «plus de 65 ans» en province était d'ailleurs, en 2014, de plus de 18 %. Quant aux artisans et cadres, leur part est en baisse et représente 22 % (moins 3 points), ce qui correspond à leur part parmi la population active (21 % contre 35 % en Île-de-France). Les employés et ouvriers sont les moins bien représentés parmi les acquéreurs (32 % en 2018, contre 31 % 10 ans plus tôt), alors qu'ils occupent 51 % des emplois (contre 39 % en Île-de-France).

La province ne représente toutefois pas un ensemble homogène, ainsi que l'illustrent les données statistiques locales.

Par exemple, dans le département du Rhône, la répartition des acquéreurs par catégorie socioprofessionnelle est assez proche de celle que l'on constate en Île-de-France, les retraités étant toutefois moins nombreux (11 %, en hausse de 3 points en 10 ans), tandis que les cadres (27 %, en hausse de 2 points) et les professions intermédiaires (30 %, en baisse de 4 points) sont davantage représentés.

En Loire-Atlantique, la répartition est tout autre: la part des retraités est équivalente à celle de l'ensemble de la province et augmente (17 %, en hausse de 5 points), essentiellement, au détriment des professions intermédiaires (25 %, en baisse de 5 points). La présence d'une grande agglomération régionale active (Nantes et ses alentours) explique que les cadres restent plus nombreux que dans l'ensemble de la province, tandis que les employés et ouvriers y sont un peu moins présents.

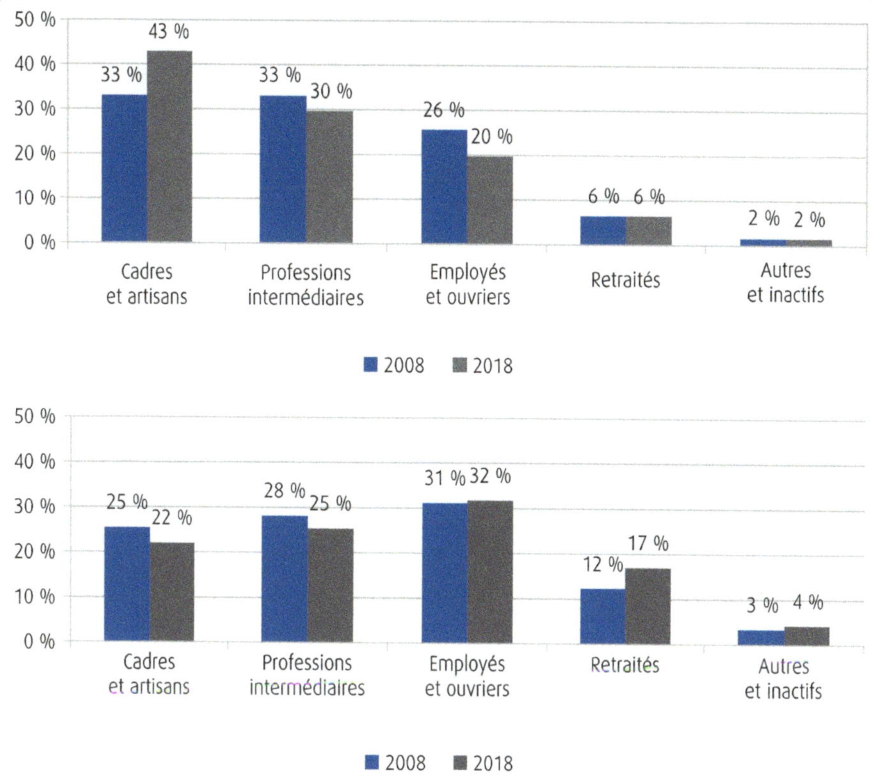

FIGURE 1.1. CSP DES LOGEMENTS ANCIENS (2008-2018) EN ÎLE-DE-FRANCE ET EN PROVINCE

Les acquéreurs sont aussi plus âgés qu'il y a 10 ans.

En région francilienne, l'âge médian de l'acquéreur était de 39 ans en 2018 (contre 37 ans en 2008). Ce vieillissement s'explique par une augmentation de la part des acquéreurs de 50 ans et plus (désormais 23 % contre 21 % en 2008) aux dépens de celle des moins de 40 ans qui ne représentent plus que 53 % des acquéreurs de logements en Île-de-France (contre 56 % il y a 10 ans).

En province, l'âge médian de l'acquéreur est passé de 40 à 42 ans entre 2008 et 2018. Il ne s'agit là que d'une tendance générale, l'accession à la propriété se réalisant plus précocement dans certaines régions. Ainsi, en Loire-Atlantique, l'âge médian n'est que de 41 ans en 2018 (contre 39 ans en 2008) et, dans le département du Rhône, de 39 ans (contre 38 ans en 2008).

Comme dans beaucoup de domaines, ces tendances s'amplifient à Paris. La part des cadres et dirigeants d'entreprises y a progressé de 15 points en 10 ans : ils représentaient, en 2018, 64 % des acquéreurs d'appartements anciens à Paris. Quant à l'âge médian des acquéreurs de biens parisiens, il est de 40 ans.

Il faut donc se tourner vers la petite couronne de Paris, et surtout vers la grande couronne, pour voir l'accession à la propriété s'ouvrir aux différentes strates de la population.

D'abord aux plus jeunes: 55 % des appartements vendus en grande couronne en 2018 l'ont ainsi été à des moins de 40 ans, même si ceux-ci sont moins nombreux qu'en 2008 (– 8 points!). Pour les maisons, les acquéreurs de 30 à 40 ans (qui sont à une période de la vie où l'on cherche à agrandir son lieu de vie) restent prédominants, tandis que les plus de 50 ans ne représentent que 18 % des acquéreurs sur ce marché.

Ensuite, aux ménages moins aisés: les cadres et les chefs d'entreprises ne représentaient que 29 % des acquéreurs d'appartements et 33 % des acquéreurs de maisons en 2018 hors Paris, même si leur part a augmenté de 6 et 4 points, respectivement, en 10 ans. Il ne s'agit là que de moyennes qu'il convient de préciser localement: 23 % des acquéreurs d'appartements en Seine-et-Marne sont des cadres et des chefs d'entreprises... contre 46 % des acquéreurs de maisons dans les Yvelines!

Toutefois, le choix de ménages plus modestes de se tourner vers la périphérie de Paris s'explique aussi par la structure des logements disponibles (type de logement et taille): en effet, alors que 19 % des logements parisiens ont 4 pièces et plus, c'est le cas de 40 % en proche couronne et de 63 % en grande couronne.

Le vendeur: un cadre ou un retraité, généralement d'âge mûr

En province, la part des retraités parmi les vendeurs de logements est de 47 %, en hausse de 10 points en 10 ans. Sans surprise, l'âge médian des vendeurs a également augmenté, passant de 56 à 60 ans. Cette hausse restreint la part de toutes les autres catégories de vendeurs: ainsi, les cadres et artisans passent de 19 % à 16 %, les professions intermédiaires de 19 % à 15 % et les employés et ouvriers de 20 % à 17 %.

Les réalités locales peuvent toutefois être plus variées.

Dans le Rhône, par exemple, la part des retraités parmi les vendeurs est plus limitée (même si leur progression y est également forte: 38 %, en hausse de 10 points). Ainsi s'explique que l'âge médian des vendeurs soit moins élevé (55 ans) et que les cadres soient relativement mieux représentés parmi les vendeurs (24 %, en baisse de 3 points).

En Île-de-France, les vendeurs sont surtout des cadres (31 % des ventes) et des retraités (32 %). Au contraire, les professions intermédiaires (de 25 % à 20 %) et les ouvriers (de 19 % à 13 %) sont peu représentés. De même, les vendeurs de moins de 30 ans ont quasiment disparu et la part de ceux de 30 à 40 ans a fortement diminué depuis 10 ans, passant de 25 % à 18 %.

Cette tendance s'accentue à Paris, où l'âge médian du vendeur est de 60 ans. Les employés et les ouvriers ne représentent que 6 % des vendeurs en 2018 (moins 4 points en 10 ans).

Au contraire, la répartition des vendeurs est beaucoup plus variée en grande couronne: chacune des 4 grandes catégories socioprofessionnelles (cadres et chefs d'entreprises;

professions intermédiaires ; employés et ouvriers ; retraités) est bien représentée parmi les vendeurs. La part des retraités est toutefois en augmentation de 7 points et représente 32 %, sans doute parce que certaines personnes, installées en Île-de-France pour raisons professionnelles, désirent retourner passer leur retraite dans leur région d'origine. La part des cadres a également progressé de 22 % à 25 % en 10 ans, tandis que les professions intermédiaires ont perdu 4 points (passant de 26 % à 22 %), voire 6 points pour les employés et les ouvriers (de 23 % à 17 %).

Cette différence se répercute également dans la répartition des vendeurs, la grande couronne étant essentiellement un marché destiné à la propriété occupante, alors que la détention d'un « logement – placement » est beaucoup plus forte à Paris.

Les étrangers sont-ils en train de racheter la France ?

La présence de riches étrangers à la recherche d'un pied-à-terre à Paris a souvent été présentée comme l'un des moteurs de l'augmentation des prix de l'immobilier, notamment dans la capitale. En Île-de-France, 9,8 % des acquéreurs de logements étaient ainsi de nationalité étrangère en 2018. Pourtant, contrairement aux idées reçues, plus de 90 % de ces acquisitions ont concerné des étrangers résidant déjà en France. Et, parmi les non-résidents, ceux qui ont le plus acheté en Île-de-France sont... des Français expatriés !

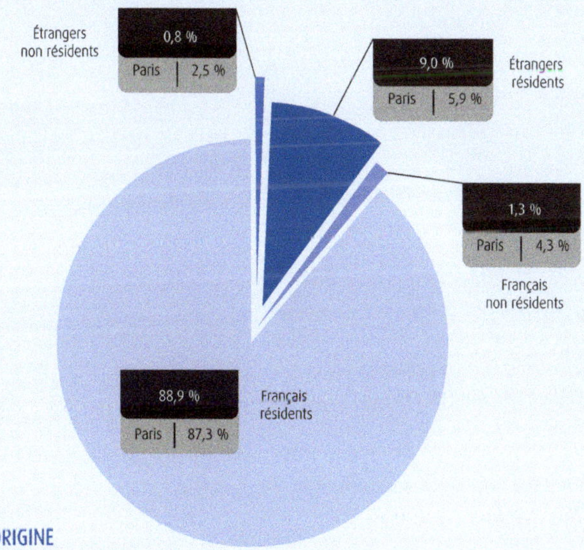

FIGURE 1.2. ORIGINE DES ACQUÉREURS EN ÎLE-DE-FRANCE

En province, la part des étrangers non résidents est plus importante qu'en Île-de-France, mais elle reste limitée puisqu'elle ne représente que 1,7 % des transactions. En revanche, la part des étrangers résidents y est beaucoup plus faible : ceux-ci ne comptent que pour

3 % des acquéreurs. Les Français résidents sont donc encore plus majoritaires qu'en région francilienne, puisqu'ils représentent près de 95 % des acquéreurs. Si les acquisitions immobilières réalisées en France par des étrangers doivent faire parler d'elles, c'est donc plutôt parce qu'elles portent généralement sur des biens plus grands et plus chers. Pour se loger à Paris, la clientèle étrangère non résidente a en effet déboursé en moyenne 125 000 € de plus, en 2018, que les Français résidents... soit exactement la même somme que les Français non résidents !
Cette représentation doit par ailleurs être modulée en fonction des zones géographiques. Les Alpes-Maritimes constituent ainsi un cas particulier bien connu : 7,3 % des acquéreurs y sont des étrangers résidents et 6,4 % des étrangers non résidents. De même en est-il pour la Creuse où 6,4 % des acquéreurs sont des étrangers résidents et 7,8 % des étrangers non résidents. Ces deux départements constituent en effet des terres d'accueil privilégiées par les étrangers non résidents qui souhaitent acheter en France.

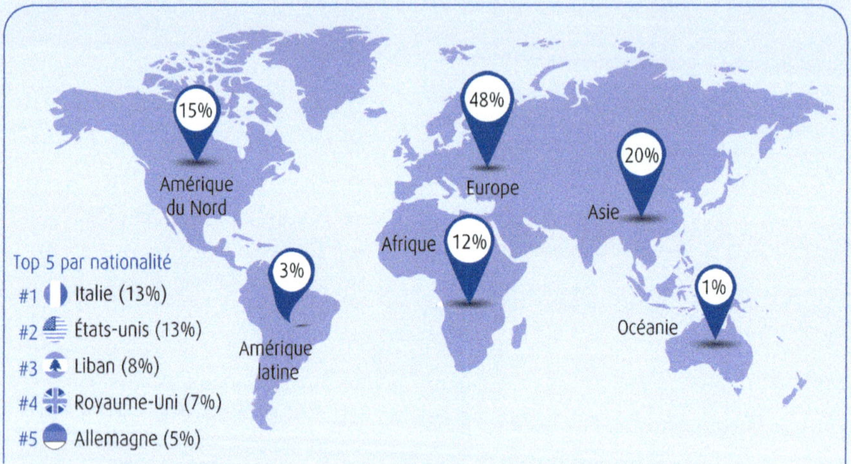

FIGURE 1.3. ORIGINE DES ÉTRANGERS NON RÉSIDENTS ACHETANT DES LOGEMENTS ANCIENS À PARIS

Sans surprise, ce sont les Européens qui sont les plus nombreux à acheter dans Paris, parmi les étrangers non encore résidents sur le sol français. En particulier, les Italiens représentent la première nationalité. Les personnes issues du continent asiatique suivent : elles constituent 20 % des acquéreurs d'un logement à Paris, parmi lesquels presque la moitié provient du Liban. Les nationaux des États-Unis représentent quant à eux la grande majorité des Nord-Américains et la deuxième nationalité représentée. La part de l'Afrique reste importante à plus de 10 %, loin devant l'Amérique latine et l'Océanie.

Devenir propriétaire... quand c'est le bon moment dans ma vie

58 % des ménages métropolitains sont aujourd'hui propriétaires de leur résidence principale (contre environ 45 % en 1973[1]). En Île-de-France, ce pourcentage progresse régulièrement et est désormais proche de 50 % (48,4 % en 2013). Mais il faut souvent du temps pour acquérir son premier logement (voir tableau). Rares sont, ensuite, ceux qui demeurent toute leur vie dans le même logement. Les chiffres des bases notariales immobilières permettent d'identifier les grandes étapes du parcours résidentiel d'un individu en fonction de son âge et de la taille de son foyer.

POURCENTAGE DE MÉNAGES PROPRIÉTAIRES DE LEUR LOGEMENT SELON L'ÂGE

Les ménages plus âgés, moteur de la croissance des propriétaires depuis 1982
Taux de propriétaires selon l'âge du référent du ménage

	1968	1975	1982	1990	1999	2009	2014
Moins de 25 ans	7 %	7 %	7 %	7 %	5 %	5 %	5 %
De 25 à 39 ans	25 %	31 %	39 %	40 %	35 %	40 %	40 %
De 40 à 59 ans	47 %	54 %	61 %	65 %	65 %	64 %	63 %
60 ans ou plus	54 %	56 %	58 %	64 %	69 %	74 %	74 %

Source : Insee, Saphir (Recensement de la population 1968 à 2014)

Avant 30 ans : commencer avec un petit chez-soi

En Île-de-France, si l'on a la chance de devenir propriétaire, c'est en principe d'un bien de taille réduite : un studio ou un deux-pièces si l'on vit seul, un trois-pièces si l'on est en couple. Mais le budget disponible ne permettant pas encore d'acquérir à Paris même, les acquéreurs sont incités à acheter en petite et, plus encore, en grande couronne.

Comme l'illustre le graphique suivant, c'est à 30 ans que l'on acquiert en moyenne le plus souvent un appartement, tandis que cet âge moyen est porté à 35 ans pour les maisons.

La répartition des classes d'âge est plus complexe en matière de vente puisque, pour les appartements, deux pics sont identifiés : à 35 ans et vers 65-70 ans ; pour les maisons, le flux de vendeurs est continu entre 45 et 65 ans.

1. Insee, enquête Patrimoine 2017/2018.

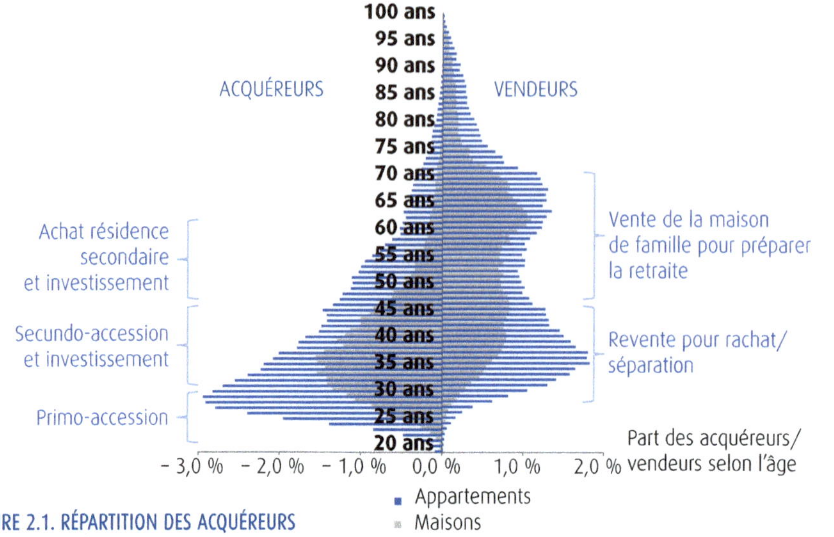

FIGURE 2.1. RÉPARTITION DES ACQUÉREURS ET VENDEURS D'APPARTEMENTS ET DE MAISONS SELON L'ÂGE, EN 2018, EN ÎLE-DE-FRANCE

Entre 30 et 44 ans : il faut s'agrandir !

Passé 30 ans, si l'on est déjà propriétaire d'un logement, les reventes sont fréquentes en vue d'acheter plus grand (par exemple une maison)... ou parce que l'on se sépare. En Île-de-France, notamment, un acquéreur sur deux appartient à cette tranche d'âge et, dans la majorité des cas, c'est hors de Paris qu'il choisit d'habiter.

L'accès à la propriété immobilière, un rêve de « vieux » ?

À l'heure où Uber et Airbnb peuvent faire douter de la nécessité de s'encombrer d'une voiture ou d'un appartement, la propriété n'est-elle pas un concept dépassé ? De fait, en 2014 – et pour la première fois depuis 1880 –, les jeunes de 18 à 34 ans vivant chez leurs parents (32,1 %) étaient plus nombreux que ceux disposant de leur propre logement (31,6 %, en couple ou non).[1] En réalité, si certains jeunes ne sont pas encore propriétaires, c'est qu'ils n'en ont pas les moyens ou qu'ils retardent volontairement la réalisation de leur objectif. Mais accéder à la propriété demeure bien une ambition : près de 40 % de la génération « Y » – c'est-à-dire des personnes nées entre 1981 et 1998 – seraient déjà propriétaires de leur logement dans le monde.[2] Et 83 % de ceux qui sont locataires ou hébergés à titre gratuit déclarent leur intention d'acheter un appartement ou une maison dans les 5 ans à venir...

1. Drew De Silver (Pew Research Center), « In the U.S and abroad, more young adults are living with their parents », 24 mai 2016.
2. HSBC, « Beyond the Bricks the meaning of home », 28 février 2017.

Entre 45 et 59 ans : déjà l'âge de revendre

C'est une période charnière.

En Île-de-France, le nombre total de vendeurs surpasse celui des acquéreurs, soit que l'on vende sa résidence principale ou secondaire, soit que l'on se défasse d'un l'investissement locatif. Quant à ceux qui continuent à acquérir, leur choix se porte souvent sur des appartements de 3 pièces et moins, signe sans doute qu'ils cherchent à investir ou à s'offrir un pied-à-terre.

Après 60 ans : acheter plus petit et plus commode pour la retraite

Cette tranche d'âge est, à 80 %, constituée de vendeurs. La maison ou l'appartement familial constitue, le plus souvent, l'objet de la transaction. Le prix de la vente permet en effet de partir en maison de retraite ou de prendre en location un appartement plus petit et plus pratique, plus proche, également, des enfants et petits-enfants.

27 % des acquéreurs de plus de 60 ans achètent à Paris intra-muros.

ÂGE DES ACQUÉREURS DE LOGEMENTS ANCIENS EN 2018

	Moins de 30 ans	30 à 44 ans	45 à 59 ans	60 ans et plus
Paris	16,0 %	44,6 %	26,1 %	13,3 %
Île-de-France	17,2 %	49,3 %	23,6 %	10,0 %
Province	16,7 %	38,9 %	26,6 %	17,9 %
Marseille	17,2 %	43,2 %	26,7 %	12,8 %
Bordeaux	15,1 %	44,4 %	25,7 %	14,7 %

Source : Notaires de France – base PERVAL et Notaires de Paris – Île-de-France, base BIEN

En province, 17,8 % des acquéreurs ont 60 ans ou plus, une proportion qui représente presque le double de celle constatée en Île-de-France (10 %). Ces chiffres s'expliquent par le fort nombre de retraités qui achètent en province (voir fiche 1). De ce fait, les autres tranches de population sont toutes moins présentes qu'au sein de la région francilienne. C'est en particulier le cas des moins de 30 ans : ils comptent pour 16,7 % des acquéreurs de province (et même 15,1 % seulement à Bordeaux) contre 17,2 % en Île-de-France et 16 % à Paris.

Devenir propriétaire… sans trop m'éloigner de là où j'ai mes habitudes

En Île-de-France, 2 biens sur 3 sont achetés par des acquéreurs du département. Cette part est toutefois un peu moins forte en Seine-Saint-Denis (55 %), du fait d'une proportion importante d'acquéreurs venant de Paris (20 %). Sur l'ensemble des acquisitions survenues en Île-de-France en 2018, les mouvements entrants sont donc plus limités : ils concernent surtout les Parisiens qui décident d'acquérir dans les Hauts-de-Seine (3 % des transactions de la région), en Seine-Saint-Denis (2,1 %) ou dans le Val-de-Marne (1,7 %), mais aussi les personnes arrivant de province et qui s'installent à Paris (1,6 %).

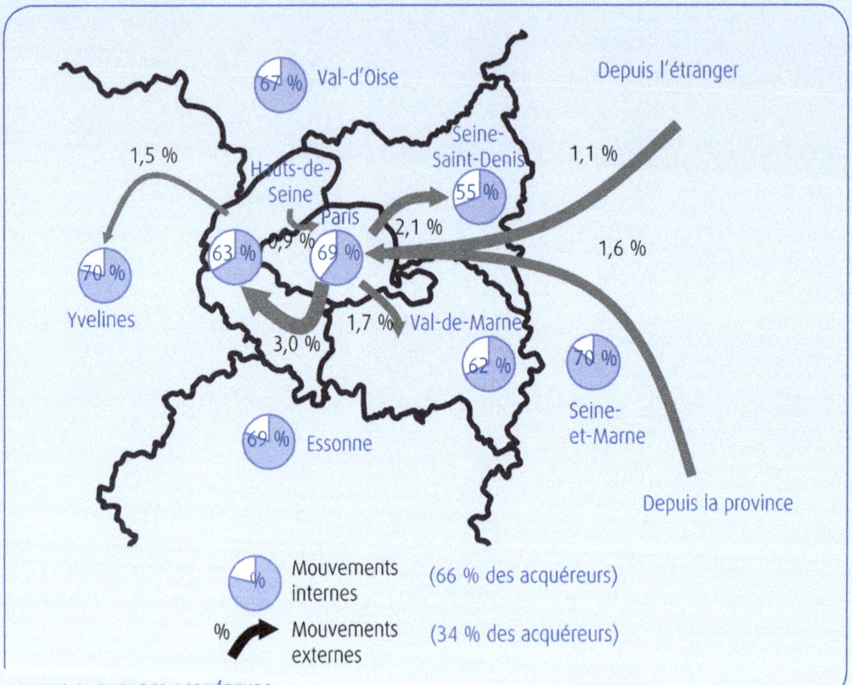

FIGURE 2.2. FLUX DES ACQUÉREURS EN ÎLE-DE-FRANCE POUR L'ANNÉE 2018

La stabilité des propriétaires semble également la règle en province. Ainsi, à Lyon, 62 % des acquéreurs habitaient déjà la ville et 14 % sa banlieue. De même, 45 % des acquéreurs d'un logement à Lille habitaient déjà la ville et 22 % sa banlieue.

Être propriétaire pour réaliser mon projet

Plus de 9 Français sur 10 aspirent à devenir propriétaires. Davantage encore que le travail, le temps libre ou les amis, le logement est en effet considéré comme un élément déterminant du bien-être individuel. Il constitue un support de l'identité, tout autant qu'un abri ou un lieu de retrouvailles familiales. Principale richesse pour beaucoup de ménages, il est également devenu un marqueur social sous l'effet de la très forte hausse des prix de l'immobilier et de leur déconnexion avec l'évolution des revenus.

Devenir propriétaire, une ambition intime… et patrimoniale

Pourquoi devenir propriétaire? Si ce choix répond parfois au souhait de s'affranchir de la menace d'un congé du bailleur, il est surtout vu comme le moyen d'aménager et d'organiser de manière autonome son cadre de vie. Plus besoin de demander au propriétaire l'autorisation d'abattre un mur! 72 % des primo-accédants citent ainsi l'envie d'être chez soi comme l'une de leurs principales motivations, tandis que la volonté de disposer d'un logement plus grand (40 %) ou de changer d'environnement (31 %) représente le moteur essentiel des secundo-accédants.[1]

Devenir propriétaire peut également s'inscrire dans une véritable stratégie patrimoniale. Pour beaucoup de Français, l'investissement immobilier représente la meilleure manière de réaliser une épargne: une fois propriétaire, on est bien obligé de mettre de côté de quoi rembourser son prêt! Encore faut-il être effectivement capable de gérer un budget de manière suffisamment précise en limitant les dépenses de consommation… ce qui signifie que si l'on n'est pas en mesure de respecter ses échéances de prêt, l'accession à la propriété s'avère risquée.

Inversement, rester locataire quand on a les moyens d'acquérir son logement peut être un mauvais calcul. Disposer d'un droit de propriété sur sa résidence permet, notamment lorsque le pouvoir d'achat diminue à l'âge de la retraite, d'alléger sa dépense de logement.

Acquérir sa résidence principale, cela demande du temps et des concessions[2]

Réaliser son rêve de devenir propriétaire exige, dans les faits, de la patience. Selon une étude du Crédit Foncier, en 2017, seules 71 % des personnes interrogées étaient, au terme d'un an de recherches, parvenues à acquérir un logement. 20 % étaient toujours en recherche… et 9 % avaient abandonné leur projet!

1. Crédit Foncier, Parcours d'acquisition de la résidence principale – du rêve à la réalité, juin 2017.
2. Crédit Foncier, *op. cit.*

En moyenne, les acquéreurs ont dû visiter 6 biens et poursuivre leurs investigations durant 4,4 mois avant de trouver ce qui leur convenait. Si cette recherche prend moins de temps dans les grandes agglomérations (4,1 mois), elle requiert aussi un nombre de visites plus élevé (6,5 biens visités).
Et, pour beaucoup, l'accession à la propriété demande des sacrifices financiers. Près d'un acquéreur sur 5 a dépassé le budget qu'il s'était fixé (de 13 % en moyenne), tandis que 41 % des acquéreurs ont dû renoncer à certains de leurs critères de recherche initiaux: 28 % ont acquis un logement plus petit qu'espéré, 23 % se sont éloignés du lieu qu'ils convoitaient, 20 % ont accepté une moindre surface de terrain ou de jardin, etc. C'est surtout en Île-de-France qu'il faut réaliser les compromis: 47 % des acquéreurs d'un bien situé à Paris ou dans la petite couronne ont déclaré avoir fait des concessions, contre 37 % dans le Nord-Ouest.

Acquérir un logement pour préparer l'avenir

Devenir propriétaire répond aussi parfois à la volonté de se constituer un revenu complémentaire: le bien est alors acquis non pour s'y loger soi-même, mais pour être loué. Les propriétaires bailleurs sont ainsi souvent plus aisés – mais aussi plus urbains et plus âgés – que les propriétaires occupants. En 2013, 15 % des ménages résidant en France possédaient au moins un autre logement que leur résidence principale.[1]

L'accession à la propriété permet, enfin, de bâtir un patrimoine que l'on pourra transmettre à ses enfants. Symbolique, cet enjeu apparaît particulièrement valorisé par les catégories de population les moins aisées, mues par « une morale du sacrifice et de la discipline » et désireuses « de laisser quelque chose aux enfants ».[2]

Quand devenir propriétaire est une contrainte...

Mais l'accession à la propriété n'est pas toujours un choix. Certains ménages y sont en effet contraints, compte tenu du niveau – jugé trop élevé – des loyers et d'une offre de logements locatifs trop peu abondante ou inadaptée (on cherche un appartement familial, alors que le parc locatif libre est souvent constitué de petits appartements). L'accession à la propriété se concrétise parfois au prix de sacrifices en termes de qualité de vie: allongements des trajets domicile/lieu de travail, augmentation des dépenses liées au logement, précarité énergétique...

1. Insee Références, Les conditions de logement en France, édition 2017.
2. Paul Culturello et Francis Godard, « Familles mobilisées. Accession à la propriété du logement et notion d'effort des ménages », in *Population*, 1983, 38e année, n° 4-5, p. 879 à 880.

Une offre de logements sociaux insuffisante

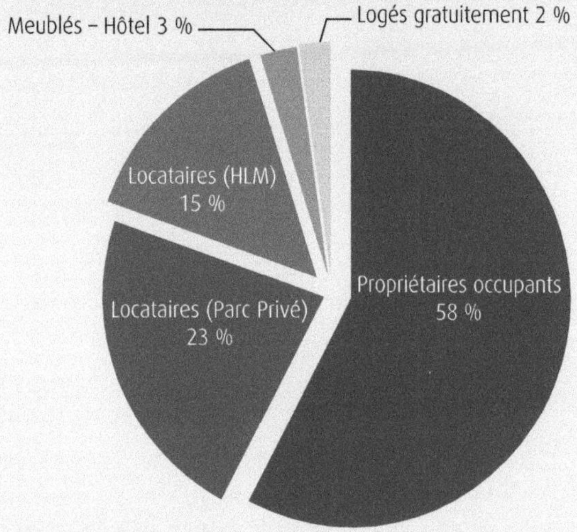

Source : INSEE - Recensement de la population

FIGURE 3.1. RÉSIDENCES PRINCIPALES PAR STATUT D'OCCUPATION EN FRANCE

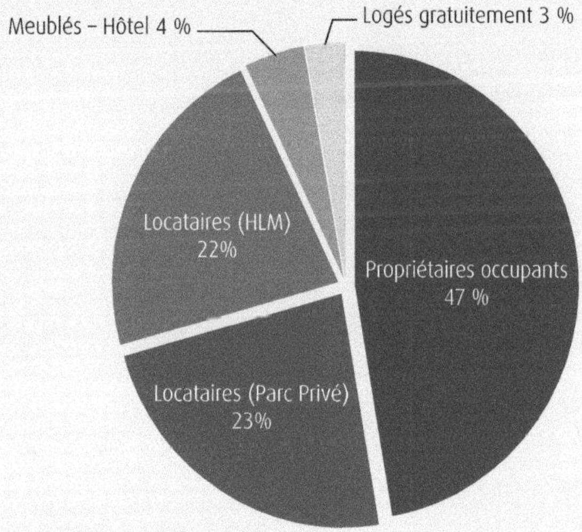

Source : INSEE - Recensement de la population

FIGURE 3.2. RÉSIDENCES PRINCIPALES PAR STATUT D'OCCUPATION EN ÎLE-DE-FRANCE

La location demeure, en Île-de-France, le statut d'occupation majoritaire : en 2013, presque 50 % des ménages étaient ainsi locataires (61 % à Paris). En province, les locataires sont plus nombreux dans les grandes villes et dans les grandes aires urbaines, car la mobilité y est élevée : la part de locataires atteint ainsi 53 % à Marseille et 64 % à Lyon ou Toulouse. Au niveau national, 40 % des ménages de France (hors Mayotte) sont locataires, une proportion stable depuis 1984.[1]

En Île-de-France, presque la moitié du parc locatif francilien est constituée de logements sociaux (1,1 million, contre 1,4 million pour le secteur libre). L'offre reste pourtant largement insuffisante et ne permet pas de répondre à la forte demande des ménages : près de 640 000 demandes étaient ainsi en attente fin 2015.[2]

Si la situation est particulièrement tendue dans la région francilienne, celle-ci n'est pas la seule à connaître une offre locative sociale faible : la Fondation Abbé Pierre estime qu'en France, en 2015, à peine un quart des demandeurs de logements sociaux ont vu leur demande aboutir.[3]

Désir ou contrainte, l'accession à la propriété se heurte dans tous les cas à la réalité des prix et des revenus : le taux de ménages propriétaires de leur résidence principale n'est que de 33 % à Paris et 41 % en Seine-Saint-Denis... soit encore très loin d'une région comme la Bretagne (66 %).

Certes, la proportion de locataires et de propriétaires peut, dans une région ou un département donnés, s'expliquer en partie par la structure du parc immobilier : importance du parc social en Seine-Saint-Denis, prédominance à Paris des petits logements traditionnellement affectés au secteur locatif privé, etc. Mais il n'en reste pas moins que l'accession à la propriété est également corrélée aux moyens financiers. Or, les ménages primo-accédants supportent un effort de plus en plus important pour acquérir un bien immobilier aux qualités inférieures (superficie, éloignement, état...). Ainsi s'explique que les salariés aux revenus modestes et sans apport personnel ou familial soient progressivement exclus de la primo-accession.[4] Si, jusqu'aux années 1980, les 10 % des ménages les plus pauvres ont été plus souvent propriétaires que locataires (surtout dans le secteur libre), cette situation s'inverse progressivement et, en 2013, les propriétaires ne représentent plus qu'un cinquième des ménages les plus pauvres.[5]

C'est pourquoi l'État développe différents instruments pour favoriser l'accession à la propriété des ménages les plus modestes (prêts aidés, aides au logement, etc.). Il permet ainsi aux bailleurs sociaux de vendre à son locataire (ou à sa famille proche) un logement du parc locatif à des conditions avantageuses (prix, prime de l'État, etc.). Si le logement se libère, il peut

1. Insee Références, Les conditions de logement en France, édition 2017.
2. Demandes enregistrées dans le SNE (Système national d'enregistrement de la demande) à fin décembre 2015.
3. Fondation Abbé Pierre, 22e rapport annuel, L'état du mal-logement en France, 2017, p. 287.
4. Insee, Les conditions de logement en France, édition 2017.
5. Insee, enquêtes Logement.

aussi être revendu à des personnes répondant à des critères réglementaires (notamment de revenus). Le prix de la vente sera réinjecté par le bailleur social pour construire de nouveaux logements ou rénover le parc immobilier existant.

De même, dans le secteur libre, la loi française confère au locataire, dans différentes situations (vente du bien immobilier à l'issue du bail, « vente en bloc » d'un immeuble de plus de 5 logements, etc.), un droit de préemption, c'est-à-dire la possibilité d'acheter en priorité le bien immobilier qu'il loue avant tout autre acquéreur à certaines conditions. Le locataire a alors le choix d'acquérir ou non le logement qu'il occupe et le bailleur ne peut pas faire d'offre de vente plus avantageuse à un tiers sans la présenter d'abord à son locataire.

La difficulté d'accès à la propriété : une réalité européenne...[1]

Le statut de propriétaire est largement partagé en Europe. En 2014, 70 % des ménages du continent sont propriétaires de leur logement. Ce taux est remarquablement élevé dans les pays d'Europe centrale (96 % en Roumanie !), la chute du bloc communiste, en 1989, ayant permis aux locataires d'acheter leur logement. C'est dans les pays d'Europe du Nord que le nombre de propriétaires est le plus faible (52 % au Danemark, 62 % en Suède), car le secteur locatif important y garantit une bonne protection aux locataires.

Reste que, partout, la primo-accession est devenue plus difficile à envisager. Les prix de l'immobilier d'habitation ont augmenté de 4,7 % en moyenne dans l'Union européenne en 2016 (et plus encore dans les capitales), soit à un rythme bien plus important que celui auquel progressent les revenus. Cette situation tient autant à la distribution des revenus et aux difficultés d'accès à un emploi stable pour les jeunes actifs, qu'au marché immobilier proprement dit. Elle aboutit à exclure une part de plus en plus importante de la population de l'accès à la propriété. Aussi la propriété recule-t-elle au profit de la location, surtout dans le privé, dont la proportion est passée, entre 2007 et 2016, de 12,6 % à 19,9 %.

1. The State of Housing in the EU, 2e éd., 2017.

FICHE 4

Interview de Mickaël Mangot : « Être propriétaire rend-il plus heureux ? »

Mickaël Mangot, docteur en économie et directeur général de l'Institut de l'économie du bonheur, enseignant à l'ESSEC et à l'AgroParisTech, a analysé et synthétisé les études académiques relatives au lien entre propriété immobilière et bonheur. Il en tire la conclusion que les propriétaires semblent plus heureux que les locataires. Meilleure estime de soi, symbole de progression sociale, implication dans la vie locale… les gains de l'accession à la propriété ne se limitent donc pas, loin s'en faut, à l'amélioration de la qualité de son logement.

Quel est l'apport essentiel des études analysées ?

Dans ces études, les propriétaires de leur résidence principale se disent légèrement plus heureux que les locataires. Et les propriétaires qui ont déclaré avoir acheté dans l'année sont plus heureux que les propriétaires dont l'acquisition remonte à des temps plus anciens. Il y aurait donc un effet positif de l'accession à la propriété, au moins à court terme. Outre l'avantage patrimonial, plusieurs mécanismes peuvent jouer : une meilleure qualité du logement, une plus grande implication sociale au niveau local, une sensation de maîtrise de sa vie, une estime de soi rehaussée, un statut social amélioré, etc.

> **« Les propriétaires qui ont acheté dans l'année sont plus heureux que ceux dont l'acquisition remonte à des temps plus anciens.**

Être propriétaire donne-t-il la sensation de mieux maîtriser sa vie ?

Effectivement, la plus grande implication des propriétaires dans et en dehors du logement alimente chez eux une sensation de maîtrise agréable qui participe au bien-être psychologique de l'individu, même si cet effet est globalement ambigu et largement conditionné par le voisinage. Grâce à son droit de propriété, le propriétaire a un contrôle total sur les opérations de maintenance, d'amélioration et de transformation de son logement, tout en étant le seul décideur du moment où il devra quitter les lieux.

Le bonheur des enfants est-il également affecté par le statut des parents, propriétaires ou locataires ?

Les enfants de propriétaires arrêtent moins fréquemment leurs études précocement, ont de meilleurs taux d'obtention du bac et de meilleurs salaires une fois adultes. Cela s'explique notamment par une meilleure qualité du logement – il est mieux adapté à la composition de la famille – et au fait que les enfants restent plus longtemps dans le même quartier, ce qui leur permet de construire de meilleures relations sociales.

Mais la propriété a-t-elle aussi des conséquences négatives pour le bonheur ?

La propriété immobilière a tendance par exemple à rendre les propriétaires plus... immobiles. Ils passent moins de temps que les locataires en dehors de leur logement, préférant le cocooning aux activités sociales. Sur le marché du travail, également, les propriétaires peuvent pécher par excès d'immobilité, cherchant moins souvent des emplois en dehors de leur bassin de population. Ces deux exemples montrent qu'il peut y avoir un coût à être trop bien chez soi !

> **La propriété rend plus immobile.**

FICHE 5

La propriété : pour moi ou pour mes héritiers ?

Pour se loger, un ménage dispose en principe d'une alternative assez simple : location ou acquisition immobilière. L'arbitrage entre ces deux options dépend des objectifs du ménage (transmettre un patrimoine aux enfants, conserver une mobilité, etc.), mais surtout de ses capacités financières. Or, dans les zones tendues, les prix élevés du marché peuvent constituer un obstacle à l'accession à la propriété. C'est pourquoi certains praticiens ont imaginé une sorte de « troisième voie » permettant au ménage d'acquérir la propriété d'un bien pour une durée limitée seulement, le logement étant rendu à l'issue d'un bail de très longue durée. De la sorte, le prix du bien se trouverait diminué d'un tiers par rapport à un achat classique.

L'idée-maîtresse : supprimer le caractère perpétuel de la propriété

De plus en plus mobiles professionnellement et au sein de leur famille, les individus n'ont souvent plus, au XXIe siècle, des parcours résidentiels linéaires. Par ailleurs, c'est généralement à une période proche de la retraite qu'ils héritent d'un bien immobilier : leur patrimoine ne leur permet donc de se loger plus grand... qu'au moment où leurs enfants songent à quitter le nid familial.

Partant de ce constat que l'utilité qu'un individu a d'un logement donné varie au cours de sa vie, notaires et investisseurs institutionnels ont essayé d'imaginer une solution à la crise du logement prenant en compte la valeur d'usage d'un logement plutôt que sa valeur patrimoniale. Leur idée : diminuer le prix d'achat du bien de 30 à 40 %, par rapport à la valeur qu'il aurait dans une transaction classique, en proposant à un ménage de l'acquérir pour une durée limitée.

Pour parvenir à ce résultat, l'opération combine de manière originale plusieurs mécanismes classiques : le bail emphytéotique, l'usufruit et la garantie de rachat.

Une combinaison originale de mécanismes classiques

Un bail est d'abord conclu entre le particulier et l'investisseur qui commercialise le logement. Il s'agit d'un bail emphytéotique dont la spécificité est de conférer des droits « réels » sur le bien pour une très longue durée (50 ans). Cela signifie que, comme un propriétaire classique, le particulier qui conclut ce contrat peut louer ou prêter son logement, vendre ou transmettre la durée restante de son bail.

Au terme des 50 ans, si le particulier a conservé le bien, il bénéficie à titre personnel d'un usufruit viager, c'est-à-dire qu'il peut continuer à en jouir, sans frais, jusqu'à son décès (ou jusqu'au décès de chacun des membres du couple, époux ou partenaires de Pacs), un peu comme s'il était « propriétaire à vie ».

Cette formule présente par ailleurs l'avantage d'être assortie d'une garantie de rachat. Le particulier est ainsi assuré de ne pas être obligé de demeurer 50 ans dans le même logement s'il ne le souhaite pas. L'investisseur est en effet tenu de le racheter, à sa demande, à un prix fixé dès le départ et variant en fonction de la date de rachat. Mais le particulier peut choisir de vendre le logement sur le marché : le prix sera alors négocié avec l'acheteur, en fonction de la durée résiduelle du bail. Dans tous les cas, si le bien a été revendu, le nouvel acquéreur n'aura pas droit à l'usufruit éventuel car celui-ci a été accordé, à titre personnel, au premier propriétaire.

Un exemple en chiffres...

Le groupe La Française a commercialisé un programme de maisons individuelles à Villeneuve-d'Ascq en testant la formule de la propriété « à vie ». C'est ainsi qu'une maison de 94 m² a été proposée à 194 000 € (ce qui représente une mensualité de 1 000 € par mois pour un prêt à 2 % sur 20 ans). À titre de comparaison :

- sa valeur en pleine propriété aurait été de 324 000 € (mensualité de 1 700 € dans un crédit immobilier à 2 % sur 20 ans) ;
- louée, elle aurait été mise sur le marché pour 980 € par mois.

Quant à la garantie de rachat, elle prévoyait que l'investisseur reprenne le bien pour 174 000 € après 5 ans.

Pas de transmission du logement aux héritiers

Il convient d'avoir conscience de la contrepartie de cette modalité d'accession au logement : alors que le droit de propriété classique ne s'éteint pas lorsque le propriétaire décède (ce qui signifie que le bien peut être transmis aux héritiers), les droits réels conférés au particulier dans le cadre d'une « propriété à vie » ne sont pas perpétuels. Dès lors :

- soit le bail emphytéotique n'est pas encore éteint au décès du propriétaire : ses héritiers se voient seulement transmettre les droits correspondant à la durée restant à courir. Ils pourront toutefois demander à l'investisseur un « rechargement » (une prorogation) du contrat ;
- soit le bail est déjà éteint au moment du décès, ce qui signifie que le défunt y est demeuré en vertu d'un usufruit viager. Cet usufruit étant personnel (accordé uniquement au « propriétaire à vie »), il ne se transmet pas aux héritiers.

Contrairement à la propriété traditionnelle, cette formule ne permet donc pas au ménage de se constituer un capital immobilier, ni de le transmettre à ses héritiers.

BRILO et BRS, d'autres formes de propriété temporaire

Pour rendre l'accession moins onéreuse dans les zones tendues, d'autres types de « propriété temporaire » ont été récemment inscrits dans la loi. L'idée est, là encore, de dissocier le foncier du bâti afin de permettre à l'accédant à la propriété de ne débourser que 70 % environ du prix de marché.

Respectivement créés en 2014 et 2016, le bail réel immobilier relatif au logement (BRILO) et le bail réel solidaire (BRS) offrent à des ménages la possibilité d'acquérir des droits réels sur un logement pour une très longue durée (jusqu'à 99 ans). Toutefois, l'organisme bailleur demeure propriétaire du terrain sur lequel ce logement est édifié. En plus de sa mensualité d'emprunt, le ménage occupant acquitte une redevance correspondant au droit d'occupation du terrain et aux frais de gestion du propriétaire du terrain.

Destinés à des ménages intermédiaires (pour le BRILO) ou modestes (pour le BRS), ces contrats peuvent en outre être assortis de clauses anti-spéculatives visant à éviter que le prix de cession des droits réels participe à l'inflation des prix de l'immobilier.

Alors que la pratique s'est déjà emparée du BRS, le BRILO n'a pas encore connu un grand succès, sans doute parce que les droits réels acquis dans ce cadre ne sont pas automatiquement prorogeables au profit des occupants successifs du logement. Au contraire, dans le cadre d'un BRS, dès lors que l'acquéreur ou donataire du bien est agréé par le propriétaire (sous conditions de ressources notamment), la durée du bail est prorogée de plein droit afin de permettre au nouveau preneur de bénéficier d'un droit réel d'une durée égale à celle prévue dans le contrat initial.

S'inspirant des *Community Land Trust* (CLT) développés aux États-Unis et en Europe du Nord, ces formes nouvelles de propriété rompent avec la tradition française d'une propriété perpétuelle. Elles peuvent donc, légitimement, désarçonner les aspirants acquéreurs.

C'est pourquoi les notaires sont appelés à jouer un rôle particulier pour accompagner et conseiller les ménages dans ce parcours résidentiel inédit. Tel est, en particulier, l'engagement des « Notaires du Grand Paris » : regroupant 800 offices et 2 500 notaires de la région francilienne, cette marque réunit des membres de la profession notariale autour du projet de métropolisation de l'Île-de-France. L'une de leurs propositions, pour que les évolutions du marché immobilier n'aboutissent pas à interdire durablement l'accession à la propriété à un nombre croissant d'individus, notamment en Île-de-France, est d'inventer des modes innovants d'accession à la propriété. Transmissions aux enfants sur une durée plus courte, recours au viager, mise en place de super baux... les solutions qu'imaginent les Notaires du Grand Paris reposent sur de nouveaux modes de partage de la propriété.

L'opportunité de l'investissement immobilier

Examinés à l'aune des 20 dernières années, les prix de l'immobilier semblent avoir partout connu une véritable flambée, même si ce constat connaît une ampleur plus ou moins importante selon les territoires considérés (fiche 6). À cette évolution, de multiples causes ont concouru. Pression démographique, insuffisance de l'offre de logements, conditions de financement exceptionnellement favorables... les facteurs sont aussi bien structurels (fiche 7) que conjoncturels (fiche 8). Des raisons plus subjectives ou psychologiques peuvent même expliquer la « fièvre acheteuse » qui a saisi les Français et contribué à alimenter la hausse des prix de l'immobilier (fiche 9). Si bien qu'à la question de savoir si cette évolution est durable, il semble difficile d'apporter une réponse univoque et mieux vaut dresser les scénarios possibles (fiche 10).

Quel que soit l'état du marché immobilier, il convient de toute façon d'avoir conscience que la pierre ne constitue pas un investissement exempt de risques. Contrairement à d'autres placements, il entraîne certains coûts et présente une liquidité moindre (fiche 11). Le poids de la fiscalité applicable doit également être pris en compte très en amont du projet, car cette charge peut obérer lourdement le budget du nouveau propriétaire (fiche 12). Certains marchés présentent par ailleurs des spécificités, à l'instar du marché du neuf : écarts de prix, charges, aides fiscales, etc. (fiche 13). En revanche, le fait de ne pas disposer des fonds nécessaires à l'acquisition de sa résidence principale n'est pas forcément rédhibitoire : il est toujours possible de se constituer un patrimoine immobilier en débutant par un projet modeste, par exemple en acquérant un studio destiné à être mis en location (fiche 14). Enfin, selon les évolutions du marché et le lieu où l'on se loge, il peut parfois apparaître plus rentable de demeurer locataire et de placer son épargne en bourse (fiche 15).

Définir le bon moment

FICHE 6

Retour sur les évolutions du marché immobilier depuis 20 ans

Acquérir un logement engage. Il est donc primordial de savoir que, outre la valorisation que les prix des biens immobiliers connaissent généralement sur une période longue, des fluctuations de grande ampleur peuvent aussi survenir. Le contexte général a ainsi été marqué, depuis 20 ans, par une forte croissance des prix. Mais l'évolution n'a pas été la même partout, ni dans le monde, ni même en France. En effet, il n'existe pas « un » marché immobilier, mais « des » marchés immobiliers locaux, parfois très restreints.

Au niveau mondial, des marchés immobiliers hétérogènes

Le marché immobilier présente incontestablement des aspects globaux. Ainsi, au début des années 2000, les prix de l'immobilier ont été fortement orientés à la hausse dans de nombreux pays, sans doute parce que s'endetter était facile et pouvait se faire dans de bien meilleures conditions qu'auparavant. De même, la crise financière de 2007, qui trouve ses origines dans les *subprimes* et les excès du marché immobilier américain, a largement enrayé la spirale inflationniste immobilière avant de se transformer en crise économique mondiale.

Mais les prix de l'immobilier sont également déterminés par le contexte historique, économique, financier, sociétal et démographique propre à chaque pays. Ceux-ci ont tempéré ou exacerbé les facteurs globaux évoqués précédemment.

Une comparaison internationale délicate[1]

Similitudes et différences se retrouvent également sur les territoires nationaux. Ainsi, à l'exception de Singapour qui constitue une cité-État, les prix de l'immobilier dans les capitales se distinguent très nettement de ceux relevés dans le reste du pays.

C'est dans les grandes métropoles que la hausse des prix a surtout été marquée, mais il est difficile d'établir une comparaison entre elles. Les biens vendus peuvent être très hétérogènes, les découpages administratifs différer, le marché immobilier au sein de la métropole peut être fragmenté… C'est ce qu'illustre l'encadré ci-contre, établissant une comparaison entre Paris, New York et Londres.

Par ailleurs, le marché immobilier d'une métropole est très dépendant du contexte. À 3 290 €/m² fin 2016, Berlin connaît ainsi des prix bien moins élevés que Paris. Mais elle ne constitue pas la capitale économique de l'Allemagne et est située dans l'un des Länder les plus pauvres du pays. La concentration des richesses et des revenus y est donc moindre que dans la capitale française.

1. CBRE, Global Living Report : A city by city guide, janvier 2016.

Si bien qu'il n'y a pas un, mais plusieurs marchés immobiliers, non seulement dans le monde mais également au sein de chaque pays.

Paris, New York, Londres

Zoom sur trois métropoles recherchées[1]

Au-delà de leur statut commun de villes-mondes, Paris, Londres et New York constituent des marchés immobiliers aux caractéristiques bien distinctes.

Paris présente une surface très limitée et une densité de population particulièrement élevée : 2,2 millions d'habitants logés sur 105 km², au sein d'un parc essentiellement ancien et de petite taille. Au contraire, Londres comprend davantage de maisons et de logements de grande taille pour une population, certes, 4 fois plus nombreuse, mais à qui la ville offre une superficie 15 fois plus étendue. Quant à New York, ses 8,6 millions d'habitants occupent 785 km².

Il reste toutefois possible d'établir des points de comparaison et des lignes de fracture entre ces trois villes-mondes.

Alors que les prix avaient augmenté de manière relativement homogène de 1999 à 2005 sur les territoires nord-américain, britannique et français, l'évolution des prix qui a suivi la crise des *subprimes* a ainsi affecté différemment ces 3 villes-mondes et leur pays respectif, comme l'indique le graphique ci-dessous.

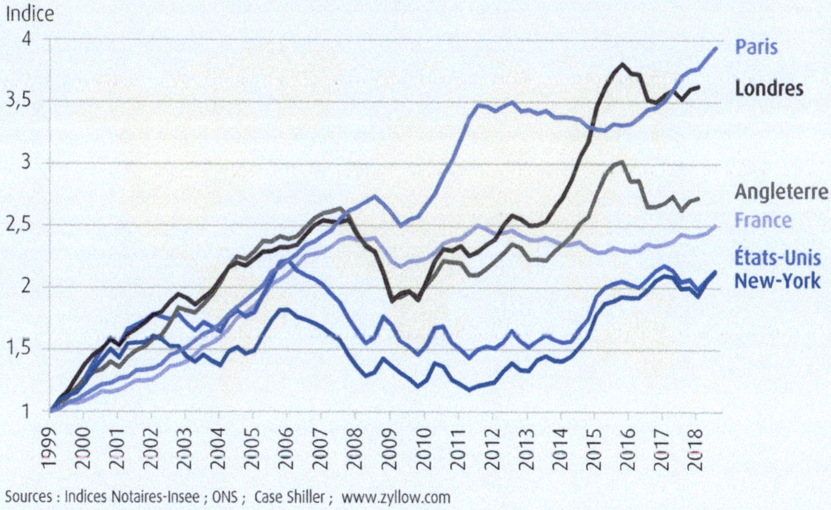

Sources : Indices Notaires-Insee ; ONS ; Case Shiller ; www.zyllow.com

FIGURE 6.1. ÉVOLUTION DES PRIX À PARIS, LONDRES ET NEW YORK

1. Source : Notaires du Grand Paris, Communiqué de presse mensuel, décembre 2018.

Tandis que les États-Unis et New York ont connu une évolution relativement similaire (longue phase baissière depuis 2006, suivie d'une petite reprise à partir de 2014/2015), les marchés immobiliers parisien et londonien se sont progressivement déconnectés de leur territoire national. Au final, c'est à Paris que les hausses de prix ont été les plus fortes : les prix en euros ont été multipliés par 3,9 en 19 ans, contre 3,6 à Londres... et « seulement » 2,1 à New York. Aujourd'hui, le prix d'un logement de surface moyenne atteint toutefois des niveaux assez proches dans les trois métropoles : 513 000 €[1] à Paris, 530 000 € à Londres et 590 000 € à New York.

Mais d'un quartier à l'autre, les écarts peuvent être élevés et, en apparence, beaucoup plus à New York et à Londres qu'à Paris. Dans la capitale française, en 2018, le ratio n'est que de 1 à 4 entre les logements les plus abordables par leur prix (240 000 € à La Chapelle, 18e) et les plus onéreux (1 000 000 € à École Militaire, 7e). Il atteint en revanche 1 à 10 à New York (il faut débourser de 271 000 € dans Port Ivory sur Staten Island, à 2 604 000 € dans Tribeca à proximité du One World Trade Center), comme à Londres (de 340 000 € à Abbey dans le quartier Barking and Dagenham, à 3 280 000 € dans le très huppé Knightsbridge and Belgravia du quartier Westminster).

Ces écarts s'expliquent sans doute aussi par la superficie respective de ces métropoles. En effet, si l'on observe les prix non plus uniquement à Paris intra-muros, mais sur l'ensemble de l'Île-de-France, on retrouve cette échelle de 1 à 10 : dans certaines communes, les logements peuvent se négocier à moins de 80 000 € quand les prix s'élèvent, dans d'autres communes, à 1 000 000 €.

En France, le marché se retourne à partir de 1999

Si le regard se porte sur la France, il faut constater que celle-ci a connu plusieurs cycles immobiliers depuis 1996.

Entre 1996 et 1997, avec un nombre de ventes réduit (475 000 ventes en province et 114 000 en Île-de-France en 1997) et des prix très bas, le marché de l'immobilier est en pleine torpeur. En cause : la désolvabilisation de la clientèle, mais aussi la fin de la spéculation des marchands de biens, deux phénomènes qui avaient provoqué l'apparition puis l'éclatement d'une bulle immobilière en 1991. Cet attentisme général se fait plus encore ressentir dans les marchés qui avaient le plus progressé : la région parisienne, la capitale (où les prix courants ont baissé de 36 % entre 1990 et 1997 !) et la Côte d'Azur.

La fin de l'atonie du marché immobilier se profile à partir de 1999 et perdure jusqu'en 2008, sous l'effet de différents facteurs : la reprise économique vigoureuse, la politique d'aides à la pierre et à l'investissement immobilier (notamment le dispositif Périssol), mais surtout des conditions financières très favorables (baisse des taux d'intérêt et assouplissement des conditions d'emprunt). Les volumes de vente augmentent fortement. Parallèlement, les prix des logements progressent à un rythme nettement plus rapide (jusqu'à 16 % par an) que l'inflation et le revenu des ménages. Sur cette période, les prix sont ainsi multipliés par 2,41 en Île-de-France et par 2,45 en province.

1. Prix de vente à Paris = prix au m² issu des indices × surface moyenne.

Source : Banque de France

FIGURE 6.2. ÉVOLUTION DES TAUX À 10 ANS EN FRANCE DEPUIS 1990

De 2008 à 2015, une période de retournements

2008 marque toutefois la chute des volumes et des prix. Sous l'effet de la crise bancaire et financière mondiale de 2008, puis de la récession économique de 2009, l'euphorie immobilière prend fin. Tandis que les volumes de ventes baissent significativement, entre 2008 et 2009, les prix reculent de 9 %.

Dès la fin 2009, les prix repartent cependant à la hausse dans certaines zones, sous l'impulsion de plusieurs facteurs favorables (forte baisse des taux directeurs de la BCE et incitations fiscales : PTZ, « PASS foncier », dispositif « Scellier », etc.). Cette tendance s'amplifie entre 2010 et 2011, tandis que le nombre de transactions augmente. Le rebond est particulièrement significatif en Île-de-France : à Paris, le prix des appartements atteint même un premier sommet fin 2011 (+38 % en 2 ans à peine). À l'inverse, certaines zones, en particulier en province, ne retrouvent pas les niveaux de prix atteints en 2008.

Cette tendance ne dure pas et la dégradation économique continue de peser sur le revenu et le moral des ménages. Sous l'effet de la réduction des aides et de la demande des ménages, les prix entament une lente érosion entre fin 2011 et mi-2015 : – 7 % en province et – 6 % en Île-de-France.

Depuis 2015, le rebond du marché immobilier

Depuis 2015, une phase de reprise a incontestablement été amorcée. Les volumes de ventes marquent des records en province : 780 000 logements anciens vendus en 2017. Moins exceptionnels, ils sont cependant considérables en Île-de-France : 180 000 ventes en 2017. L'année 2018 confirme ces tendances, liées aux conditions actuellement favorables de l'accès au crédit.

À Paris : une évolution en dents de scie

Le marché parisien amplifie souvent les tendances observées en France, même s'il présente certaines spécificités.

De 1990 à 1997, l'immobilier parisien s'effondre : le nombre de ventes passe de 42 500 en 1990 à 25 000 en 1991. Les baisses de prix se succèdent de 1990 à 1997 (–42 % au total en prix constants).

Puis s'ouvre, à partir de 1998, une longue période de croissance des prix, accompagnée de forts volumes de ventes (37 000 ventes en moyenne), qui amène les prix à un nouveau record au cours du 3e trimestre 2008 : 6 600 €/m² en prix courants et 7 040 €/m² en prix constants.

L'effondrement du système bancaire international, entre 2008 et 2009, et la paralysie qui s'ensuit provoque une chute rapide des prix (–8 % en prix constants) et des volumes, mais pendant une période très limitée (9 mois).

À partir de 2009, à Paris beaucoup plus qu'ailleurs, l'activité repart et, surtout, les prix augmentent à leur rythme le plus élevé jamais constaté dans les statistiques de la base BIEN. En prix courants, la hausse est de 39 % entre mi-2009 et fin 2011 !

Les prix s'affaissent à nouveau entre la fin 2011 et 2015, dans un contexte de croissance économique quasi-nulle, tandis que les ventes stagnent à bas niveau (moins de 29 000 ventes en 2012, 2013 et 2014).

Cela étant, une embellie a été entamée en 2015. En 2016, les prix sont en hausse pour la première fois depuis 2011 (+4 %). Depuis, ils ont battu de nouveaux records chaque trimestre et pourraient atteindre un prix de référence de 10 000 €/m² en 2019.

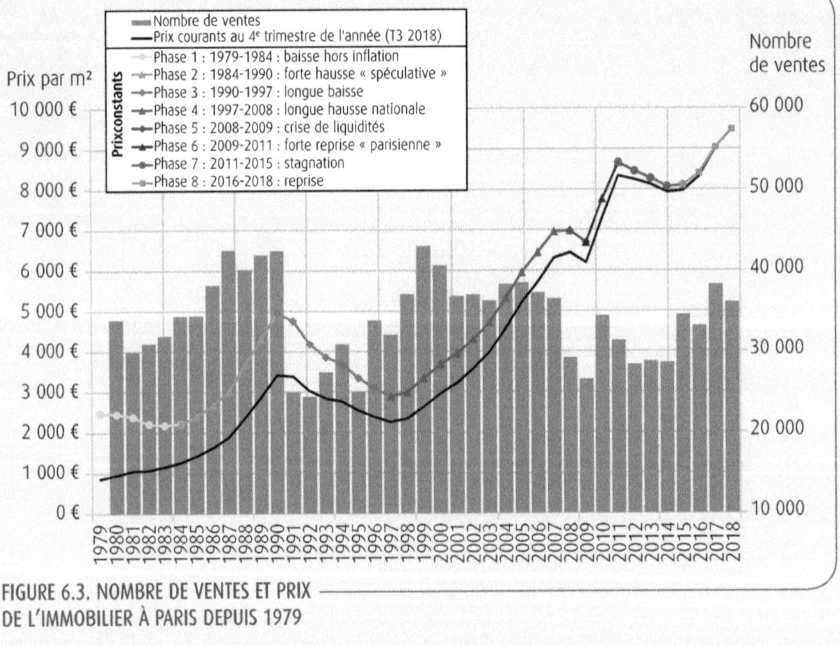

FIGURE 6.3. NOMBRE DE VENTES ET PRIX DE L'IMMOBILIER À PARIS DEPUIS 1979

L'augmentation des prix de l'immobilier : des facteurs d'abord structurels

Depuis le début des années 2000, le prix réel des logements a presque doublé. Cette évolution n'est que très imparfaitement expliquée par les médias, dont les gros titres se focalisent plus souvent sur des mouvements conjoncturels et très localisés. En réalité, l'amélioration rapide des conditions de financement associée à des phénomènes structurels a fortement contribué à la hausse considérable des prix de l'immobilier ces dernières années (augmentation de la population, faiblesse de l'offre de logements, croissance des coûts de la construction...).

La pression démographique pousse la demande de logements

La demande de logements est fortement corrélée à la pression démographique. Or, depuis 1975, la population de notre pays a crû de 25 % environ. Mais c'est surtout l'explosion du nombre de ménages (+57 % !) qui explique la croissance de la demande de logements.

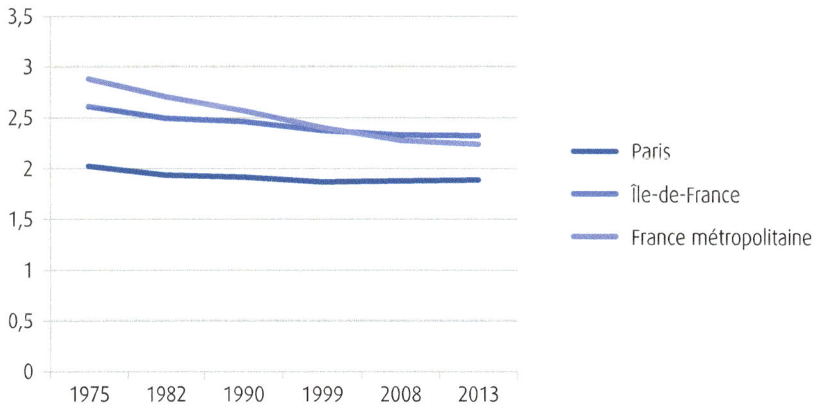

Source : Insee - Recensement de la population

FIGURE 7.1. ÉVOLUTION DE LA TAILLE MOYENNE DES MÉNAGES

Sur cette période, la taille moyenne des ménages (nombre de personnes par logement) s'est réduite de 3 à 2,2 personnes, en raison du vieillissement de la population et des séparations de couples plus fréquentes. À Paris, comme dans la majorité des grandes villes françaises, la taille moyenne des ménages est même encore plus faible (1,9 personne par ménage) et un logement sur deux environ ne compte qu'un seul occupant.

Une offre de logements insuffisante

« Si la demande de logements des ménages crée des tensions sur le marché, c'est qu'elle ne rencontre pas une offre proportionnée, en quantité ou en qualité.

Ce déséquilibre peut d'ailleurs n'être que local, en fonction de l'attractivité du secteur géographique considéré.

Or, si le nombre de logements a progressé à un rythme comparable à celui du nombre de ménages, l'offre est demeurée insuffisante dans certaines zones, notamment dans des secteurs déjà très densément peuplés et où le foncier était rare. Ainsi, en France, le parc de logements a augmenté à un rythme de 1,2 % par an depuis 1975… mais dans le même temps, l'augmentation n'a été que de 0,8 % en Île-de-France, soit un accroissement total d'environ 1,5 million de logements en 40 ans, dont la grande majorité s'est réalisée en petite et moyenne couronnes.

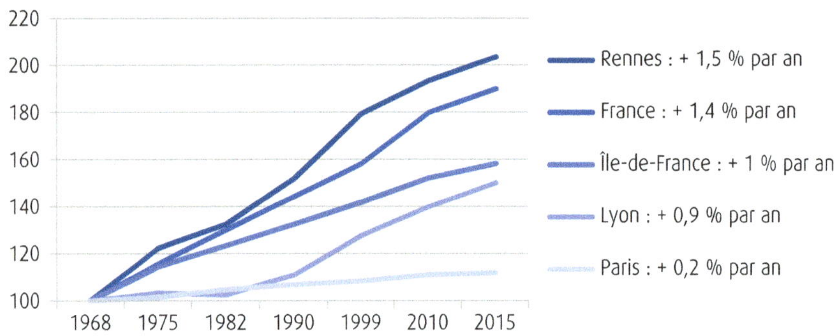

FIGURE 7.2. ÉVOLUTION DU NOMBRE DE LOGEMENTS

En Île-de-France, l'ampleur de la demande et les contraintes pour développer une offre supplémentaire ne sont pas choses nouvelles.

Mais le parc de logements s'est longtemps accru plus vite que la population. La construction neuve et les opérations de rénovation du parc réalisées pendant les années 1970 et 1980 ont permis la décohabitation massive des enfants du baby-boom, l'accueil des nouveaux venus de province et une amélioration sensible des conditions de logement des Franciliens.

Il n'en va plus de même aujourd'hui. Même si le rythme de croissance du parc a permis pendant longtemps de contenir la hausse des prix, des tensions réapparaissent. Alors que le dynamisme démographique de la région capitale ne se dément pas, la construction neuve s'effectue de plus en plus dans le cadre d'opérations de renouvellement urbain, une part significative des logements neufs servant à remplacer les logements anciens démolis. Disparaissent ainsi les logements les plus vétustes, mais également les moins chers. Pour les jeunes et les nouveaux venus en Île-de-France, la recherche d'un logement est de plus en plus problématique et, dans un contexte d'accès facile au crédit, les prix s'envolent.

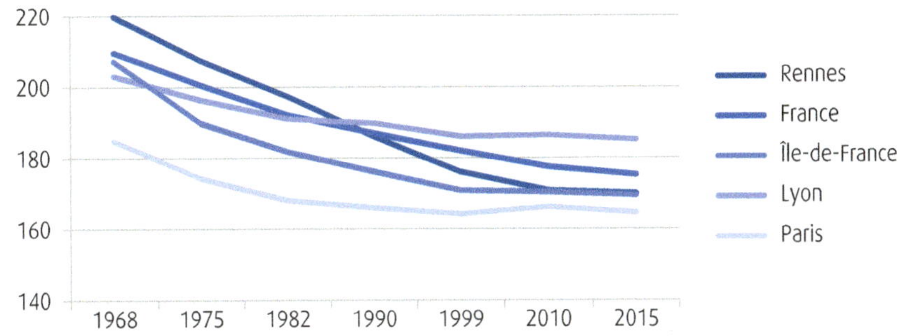

Source : Insee - Recensement de la population

FIGURE 7.3. ÉVOLUTION DU NOMBRE D'HABITANTS PAR LOGEMENT

Certains exemples montrent que la problématique du logement a été prise en compte de façon très variée selon les régions. À Rennes, par exemple, la construction de logements est restée une priorité constante au cours du dernier demi-siècle, ce qui s'est traduit par une évolution raisonnable des prix et une forte capacité d'hébergement accompagnant la décohabitation. Lyon, en revanche, qui s'était d'abord caractérisée par une construction moins dynamique et une perte de population, a bâti 50 % de logements supplémentaires entre 1982 et 2015 afin d'accompagner une forte croissance de sa population. Malgré cela, elle a connu une forte hausse des prix du fait de son attrait croissant : y résider apparaît en effet à certains comme une alternative à la vie parisienne, d'autant que le TGV la relie au centre de la capitale en un temps record.

Réquisitionner les logements vacants : une solution à la crise du logement ?

L'insuffisance du parc de logements privé incite principalement à construire des logements neufs, alors que d'autres facteurs peuvent permettre d'accroître l'offre : la rénovation des logements, leur restructuration, leur transformation...

L'idée a en particulier été lancée d'inciter les propriétaires de logements vacants à remettre ceux-ci sur le marché. La vacance concernait, au 1er janvier 2016, environ 8 % du parc total de logements en France métropolitaine. Particulièrement forte dans les communes rurales et les unités urbaines de moins de 100 000 habitants, elle prend le pays en écharpe du centre de la Bretagne à la Lorraine, en passant par le Massif central. Plus faible dans les zones tendues (région parisienne, région PACA), la vacance est parfois attribuée à l'augmentation importante de la location touristique saisonnière. Plus de 65 000 logements étaient ainsi disponibles à Paris *via* Airbnb en 2017[1], 90 000 dans la région PACA[2], plus de 5 000 à Bordeaux[3], etc.

Reste que les logements recensés comme « vacants » ne sont pas, pour autant, des logements disponibles : ils peuvent être proposés à la location (saisonnière ou classique) ou à la vente, ou encore sans affectation précise parce que destinés par exemple à être réhabilités, etc.[4] Dans de tels cas, le local n'est donc pas toujours mobilisable pour alimenter l'offre de logements. Le recensement des logements « vacants » est, en outre, d'autant moins fiable que les déménagements sont fréquents, ce qui est fréquemment le cas dans les zones tendues.

D'ailleurs, rares sont les propriétaires qui choisissent délibérément de « geler » un logement en le laissant inoccupé à long terme[5], car ce choix impose de supporter de lourdes dépenses (entretien, taxe foncière, etc.) pour un logement qui ne rapporte pas de revenu.

La hausse du coût des constructions neuves

Autre facteur de hausse des prix de l'immobilier : l'augmentation des coûts de production de logements neufs et la pénurie de terrains constructibles.

En effet, les normes de santé publique, environnementales, d'isolation thermique et phonique, de sécurité ou encore celles liées aux risques sismiques ou d'inondation se sont progressivement généralisées dans la construction. Les logements sont au fil du temps devenus plus spacieux et plus confortables... mais aussi plus onéreux même si les gains de productivité opérés par le secteur de la construction ont permis d'atténuer la hausse des coûts. Si bien que les coûts ont en réalité évolué au même rythme que l'inflation depuis les années 1980... soit beaucoup moins rapidement que le prix de vente des logements anciens.

---

1. www.lemonde.fr/economie/article/2017/09/08/paris-veut-mettre-airbnb-au-pas_5182787_3234.html.
2. www.laprovence.com/article/papier/4551659/locations-saisonnieres-airbnb-met-la-main-sur-la-provence.html.
3. www.sudouest.fr/2017/07/11/airbnb-a-bordeaux-les-proprietaires-vont-devoir-s-enregistrer-3608812-4710.php.
4. Insee Références, Les conditions de logement en France, édition 2017.
5. IAU, Institut d'aménagement et d'urbanisme de la région Île-de-France, Atlas des franciliens, 2013.

Quant au foncier, si son coût a longtemps constitué un élément minoritaire du prix d'un bien immobilier neuf (de 15 à 18 %, sauf dans les secteurs les plus tendus)[1], son poids s'est accru au fur et à mesure de la raréfaction des terrains. De nombreuses réglementations – visant à encadrer l'étalement urbain, préserver les zones naturelles, limiter la hauteur des immeubles, etc. – ont en effet contribué à rationner les terrains disponibles et à restreindre le nombre de logements constructibles. Mais il ne faut pas, là non plus, exagérer l'impact de ce facteur. C'est la hausse du prix des logements déjà construits qui entraîne celle des terrains à bâtir, bien plus que l'inverse : le foncier est en effet d'autant plus cher que sa constructibilité est forte et que les logements qui seront édifiés pourront être vendus chers.

En définitive, aucun des facteurs structurels liés à l'offre ou à la demande de logements ne suffit, à lui seul, à justifier l'augmentation considérable des prix de l'immobilier depuis 20 ans. C'est donc surtout une conjugaison de ces facteurs qu'il convient de mettre en cause, facteurs auxquels s'ajoute l'évolution des conditions d'accès au crédit ainsi que des composantes conjoncturelles et psychologiques (voir fiches 8 et 9).

1. Source : http://fpifrance.fr/fr/content/logement-chantier-de-la-republique.

FICHE
8

Les composantes conjoncturelles des prix de l'immobilier

Outre les facteurs structurels déjà évoqués (voir fiche 7), les valeurs immobilières sont alimentées par des mécanismes conjoncturels, sans qu'il soit toujours aisé d'en déterminer l'impact précis. De l'amélioration des revenus des ménages au niveau exceptionnellement bas des taux d'intérêt, en passant par l'optimisme des Français quant aux perspectives de l'économie, nombreux sont les éléments qui encouragent les acquéreurs à se lancer malgré le niveau très élevé des prix des logements.

L'amélioration du niveau de vie des ménages

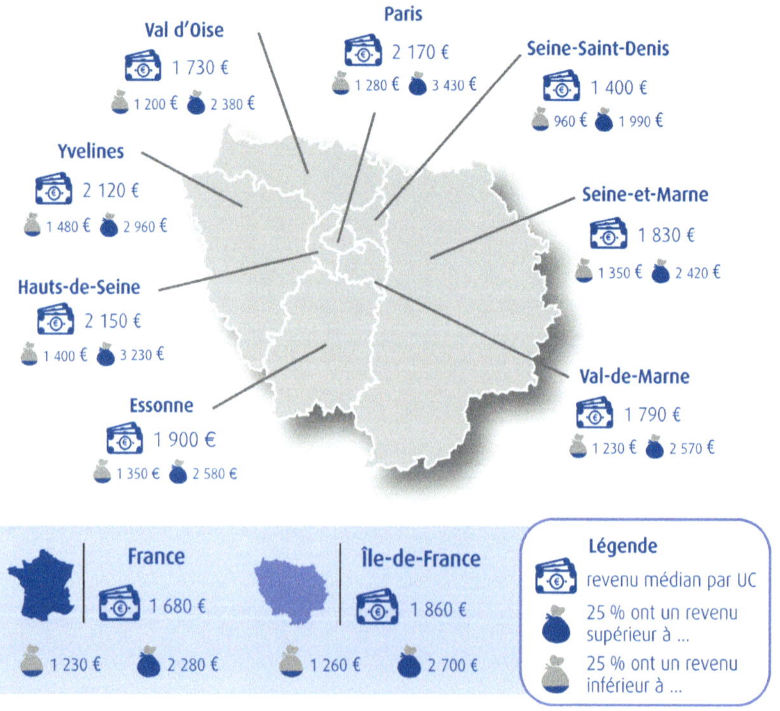

Source : Insee-DGFIP-Cnaf-Cnav-CCMSA, Fichier localisé social et fiscal

FIGURE 8.1. REVENU DISPONIBLE PAR UNITÉ DE CONSOMMATION EN 2013

L'augmentation moyenne des revenus de la population constitue un facteur de croissance des prix de l'immobilier. Pour la plupart des ménages, l'accession à la propriété survient lors d'une période de consolidation familiale et d'accroissement des revenus (promotion professionnelle, mise en couple et cumul de deux revenus… – voir fiche 3). Par ailleurs, la hausse soutenue des revenus des ménages aisés, qui sont en mesure d'acquérir leur logement à un prix élevé, soutient la demande et exerce une pression à la hausse sur les prix immobiliers.[1]

Le lien entre prix élevés de l'immobilier et revenus des ménages est particulièrement patent dans la région francilienne. Ainsi le revenu disponible médian par unité de consommation[2] s'élevait-il, en 2013, à 1860 € mensuels en Île-de-France, contre 1680 € pour la France. L'écart est encore plus important si l'on se concentre sur les revenus des habitants de Paris et des Hauts-de-Seine : ils dépassent de 400 € la moyenne française, même si ces médianes cachent de très fortes disparités.

Les aides au logement contribuent-elles à la hausse des prix de l'immobilier ?

Depuis le milieu du XXe siècle, le logement constitue l'un des axes principaux des politiques sociales au travers des aides à la pierre (ciblant la production de logements) et des aides à la personne (aidant le ménage en allégeant son effort de logement au regard de son niveau de revenus).

Quelles que soient leurs modalités, ces aides se voient souvent reprocher d'alimenter la hausse des prix de l'immobilier et d'inciter les ménages moyens à « accroître leur patrimoine immobilier, plutôt que de permettre à des ménages modestes de réaliser un premier investissement »[3].

D'autres experts estiment pourtant que l'impact inflationniste de ces mesures n'explique qu'une infime part de l'augmentation des prix immobiliers[4]. L'économiste J. Friggit, spécialiste de l'évolution du marché immobilier du CGEDD[5], note ainsi que les aides, d'un volume stable depuis plusieurs décennies (autour de 2 % du PIB)[6], ont principalement visé le logement social. Par ailleurs, il relève que le « boom immobilier » des années 2000 n'est pas spécifiquement français mais concerne également des pays qui, comme la Suède et la Belgique, ont distribué des aides au logement de montants très inférieurs à ceux qu'a dispensés la France. Les hausses de prix y ont pourtant été similaires ou supérieures à celle qu'a connue notre pays.

1. Jacques Friggit, Le lien dans l'espace entre prix des logements et revenu par ménage en Île-de-France, note de conjoncture n° 6 du Conseil supérieur du notariat, janvier 2010.
2. Revenu disponible médian par unité de consommation (UC) : système de pondération attribuant un coefficient à chaque membre du ménage et permettant de comparer les niveaux de vie de ménages de taille ou de composition différente. Le revenu médian est en effet tel que la moitié des salariés de la population considérée gagne moins et l'autre moitié gagne plus.
3. Pierre-Olivier Beffy, Chief Economist, Exane BNP Paribas, « Réinventer les politiques du logement en facilitant la mobilité », *Variance 45*, octobre 2012.
4. Jacques Friggit, article publié dans la revue *Regards croisés sur l'économie*, mai 2011.
5. Conseil général de l'environnement et du développement durable.
6. www.statistiques.developpement-durable.gouv.fr/lessentiel/ar/2246/0/aides-logement.html.

Des conditions de financement exceptionnelles

La demande de logements est également très dépendante des conditions d'accès des particuliers au crédit à l'habitat, en particulier du niveau des taux d'intérêt.

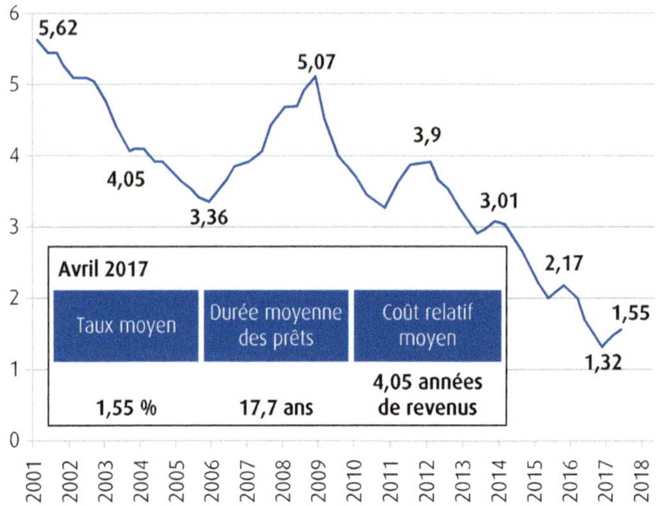

FIGURE 8.2. LES TAUX DES CRÉDITS IMMOBILIERS AUX PARTICULIERS

Au mois de novembre 2018, l'encours de crédits immobiliers a passé la barre symbolique des 1000 milliards d'euros, ce qui constitue un record.[1] De même, le taux des prêts du secteur concurrentiel a atteint (hors assurance et coût des sûretés) un niveau historiquement bas : environ 1,5 % en moyenne, un niveau qui n'avait été atteint qu'entre décembre 2016 et janvier 2017, avant que les taux ne repartent légèrement à la hausse.

La baisse des taux a permis aux ménages d'améliorer leur pouvoir d'achat, les emprunteurs ayant la possibilité d'arbitrer entre deux stratégies : soit diminuer le poids de leur mensualité pour un emprunt donné ; soit essayer d'obtenir un prêt plus conséquent pour une annuité donnée.

Finalement, les ménages ont souvent opté pour un endettement plus élevé, encouragés en cela par l'allongement de la durée des prêts accordés aux ménages, l'assouplissement des conditions d'accès au crédit immobilier et une fiscalité favorable.

Un tel environnement financier a produit, selon J. Friggit, un effet inflationniste massif sur les prix de l'immobilier après la crise de 2007, et n'a que peu contribué, en revanche, à leur

1. www.banque-france.fr/statistiques/credit/credit/credits-aux-particuliers

baisse après cela.[1] En comparaison, aux États-Unis, le niveau d'endettement immobilier des ménages, qui avait atteint un sommet en 2007 (101 % du revenu disponible des ménages), s'est depuis fortement réduit… et les prix de l'immobilier américain se sont corrigés.

La dette immobilière des Français continue à croître : est-ce bon signe ?

Même si les taux d'intérêt sont particulièrement bas, cette situation n'est pas aussi favorable aux emprunteurs qu'on pourrait le croire.

D'une part, le niveau extrêmement faible de l'inflation (+ 0,2 % en 2016)[2] n'est pas forcément positif lorsqu'on emprunte sur le long terme. Car une inflation forte atténue le taux d'intérêt « réel » (c'est-à-dire corrigé de l'inflation prévisible) du prêt immobilier. Ainsi, si la banque offre un taux d'intérêt de 6 %, mais que le taux d'inflation atteint 5 % par an, le taux d'intérêt « réel » du prêt n'est plus que de 1 %.

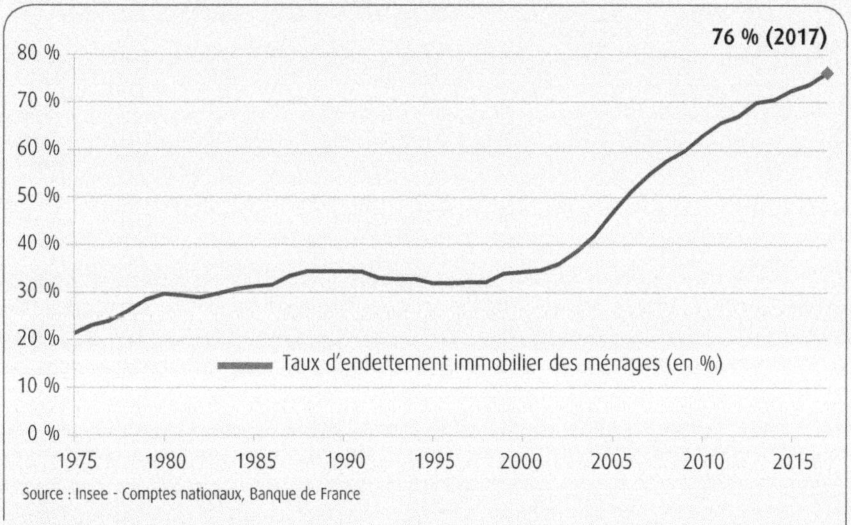

FIGURE 8.3. ENCOURS DE CRÉDITS AUX MÉNAGES POUR L'HABITAT

D'autre part, au cours de la période récente, la hausse des prix de l'immobilier a été beaucoup plus rapide que le revenu des ménages. Ces derniers ont donc été contraints de contracter des prêts non seulement plus élevés qu'autrefois, mais également d'en étaler le remboursement sur une durée plus longue (13,8 ans en 2001 contre 17,7 ans en avril 2017[3]). Si bien qu'en 15 ans, le taux d'endettement des ménages a plus que doublé, les

1. www.lexpansion.lexpress.fr/actualite/immobilier/pourquoi-les-prix-de-l-immobilier-ne-baissent-pas-depuis-la-crise_1688327.html
2. Insee, indices des prix à la consommation.
3. Observatoire du financement du logement, Institut CSA.

emprunteurs consacrant désormais 4 années de revenus à l'accession à la propriété (contre 2,8 années en 2001).
Cela étant, les Français comptent parmi les populations dont la dette immobilière est la moins lourde. La situation n'est donc pas inquiétante selon de nombreux spécialistes, d'autant que les banques françaises sont traditionnellement prudentes, comparativement à celles des pays qui ont plongé dans la crise des *subprimes*. Elles exigent davantage de garanties pour accorder un prêt et elles proposent des formules – comme le prêt à taux fixe – qui offrent davantage de prévisibilité aux emprunteurs. D'ailleurs, les Français sont réticents à s'engager sur des prêts très longs... alors que le remboursement de certains prêts peut, aux États-Unis, au Japon ou encore en Suède, s'étaler sur 140 ans[1] !

Un critère fondamental pour les évolutions de prix : la confiance des ménages

Enfin, le niveau des prix paraît fortement lié à la confiance des ménages, laquelle reflète leur opinion sur la situation économique au regard d'une pluralité de critères (taux de chômage, amélioration du pouvoir d'achat, capacité d'épargne, etc.). On constate ainsi que les périodes de croissance du marché immobilier sont celles où les ménages se montrent optimistes, car nombreux sont alors ceux qui considèrent qu'il faut acheter tant que les conditions économiques sont bonnes et laissent espérer la réalisation d'une plus-value immobilière.

Jusqu'à peu, les Français étaient relativement confiants, même si l'Insee note que l'indice de confiance s'est dégradé à la fin de l'année 2018.[2] À moins d'une nouvelle détérioration de cet indice, il apparaît donc vraisemblable que la faiblesse des taux d'intérêt continue à stimuler le marché.

1. www.latribune.fr/actualites/economie/20130531trib000767727/suede-pour-le-fmi-140-ans-pour-rembourser-son-pret-immobilier-c-est-trop.html
2. www.insee.fr/fr/statistiques/3651554

Les ressorts psychologiques des prix de l'immobilier

Selon certains experts, au premier rang desquels Robert Shiller, prix Nobel d'économie en 2013, l'ampleur de la hausse des prix de l'immobilier observée au début des années 2000, en France, ne peut s'expliquer par des facteurs uniquement structurels et conjoncturels (fiches 7 et 8), mêmes conjugués. La crise immobilière trouve également des racines profondes dans des phénomènes d'ordre psychologique ou sociologique, preuve que le fonctionnement des marchés n'est pas toujours rationnel.

La pierre, une valeur refuge

L'insécurité de l'économie et du système bancaire, les performances aléatoires des placements boursiers, la nécessité de disposer d'un patrimoine tangible pour l'occuper ou – afin de se ménager des revenus supplémentaires – pour le louer, incitent traditionnellement les ménages à considérer l'immobilier comme un placement « sûr », un élément de sécurisation du patrimoine.

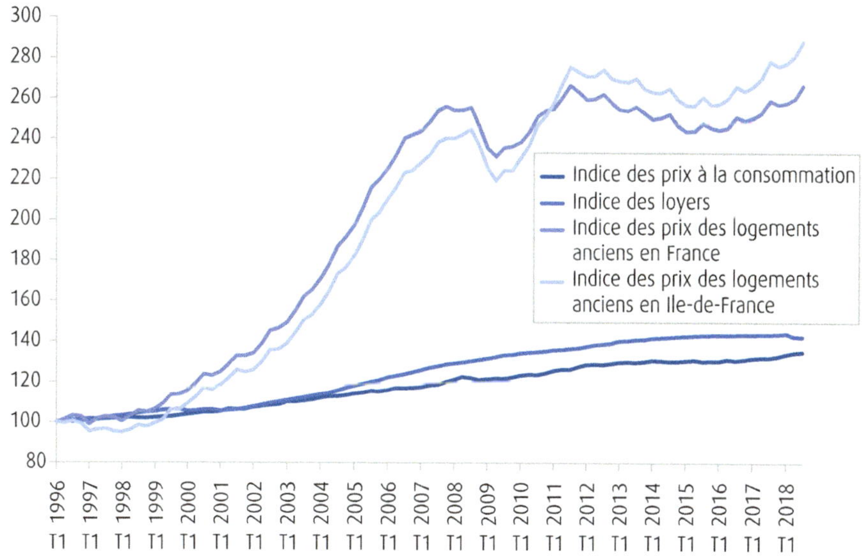

Source : INSEE et bases notariales Perval et BIEN

FIGURE 9.1. ÉVOLUTION COMPARÉE DES PRIX À LA CONSOMMATION, DES LOYERS ET DES PRIX DE L'IMMOBILIER EN FRANCE ET EN ÎLE-DE-FRANCE

Cette appétence pour la pierre constituerait même, selon Robert Shiller, l'une des justifications les plus convaincantes pour expliquer l'accroissement et de la persistance de la demande de logements dans un contexte de prix pourtant élevés.[1]

En effet, Shiller constate que la hausse rapide des prix de l'immobilier au début des années 2000 ne s'explique qu'en partie par les principales variables économiques de ce secteur : à savoir, le revenu des ménages et le montant des loyers, car les ménages doivent être en capacité de financer leur acquisition ou de payer un loyer. De même, sur le long terme, il n'est pas normal que l'augmentation des prix de l'immobilier ne suive pas le rythme de l'inflation, sauf dans les secteurs où le foncier est particulièrement limité et où un effet de rareté peut contribuer à l'augmentation des prix.

Le graphique ci-avant montre que l'indice des prix de l'immobilier en France s'établit à 288 au 3e trimestre 2018 contre 1 000 au 1er trimestre 1996. En d'autres termes, les prix d'acquisition d'un bien immobilier ont été multipliés par 2,88 entre ces deux dates, tandis que les prix à la consommation ont été multipliés par 1,35 et les loyers par 1,42.

L'immobilier, un achat peu rationnel ?

« L'achat immobilier présente en effet cette particularité qu'il repose, bien plus que d'autres investissements, sur des affects.

L'analyse des phénomènes psychologiques et comportementaux est donc essentielle si l'on veut comprendre la crise immobilière. Contrairement à un investisseur cherchant à faire fructifier un capital, l'acquéreur d'un bien immobilier est surtout un particulier souhaitant satisfaire des besoins spécifiques : se sentir chez soi, être en sécurité, concrétiser une promotion sociale... Côté financier, il peut aussi désirer se constituer un patrimoine et se contraindre à épargner en prévision, notamment, de sa retraite.

Or, plus les enjeux personnels d'un investissement sont importants, plus l'investisseur est susceptible de prendre des décisions dont la rationalité est discutable : par exemple, surpayer un bien pour lequel il a eu un « coup de cœur » ou parce qu'il anticipe une plus-value future. Dans de tels cas, la décision d'achat repose donc davantage sur une opinion, un sentiment, que sur une analyse objective du marché.

Quand la fièvre acheteuse saisit les ménages...

Shiller estime, en outre, que les phases de hausse des prix sont très propices au développement de « fièvres acheteuses » auto-réalisatrices (dans lesquelles une hausse engendre une nouvelle hausse). Ainsi, alors que l'augmentation des prix aurait dû – selon la loi de l'offre et de la demande – décourager les acquéreurs, ceux-ci continuent d'affluer. Ils se montrent d'autant

1. Robert Shiller, *Irrational Exuberance*, Princeton University Press, 2005, 2e éd.

plus prompts à s'enflammer pour les logements proposés à la vente – alimentant ainsi la progression des prix – qu'ils sont souvent dans l'ignorance de leurs prix réels. Alléchés par l'espoir de réaliser une plus-value, ces acquéreurs ne veulent surtout pas manquer le « boom de l'immobilier », ou bien craignent de ne plus avoir les moyens d'acheter plus tard. C'est ainsi que se crée un déséquilibre entre la demande – soudainement très soutenue – et l'offre de logements – limitée par nature –, ce qui occasionne inévitablement de fortes tensions sur les prix.

Les ménages ont-ils des comportements spéculatifs en matière d'immobilier ?

Interview de Xavier Timbeau, économiste et directeur principal à l'Observatoire français des conjonctures économiques (OFCE)

« L'immobilier présente un caractère spéculatif marqué. Lorsque l'on achète un logement, c'est bien sûr pour y habiter, mais il ne faut pas oublier que ce logement constitue également un actif, c'est-à-dire un bien susceptible de produire un rendement à terme. Lorsqu'il décide d'emprunter pour acquérir un bien, un ménage prend en compte non seulement ce que cet investissement va lui apporter dans l'immédiat (par exemple, un meilleur accès aux transports, un loyer si le bien est reloué, etc.), mais aussi la plus-value qu'il retirera dans plusieurs années de la revente du bien.

Or, l'immobilier est la seule classe d'actifs pour laquelle un ménage peut accéder à un « effet de levier » très fort : la somme nécessaire à l'acquisition peut en effet être empruntée et le logement acquis constitué en garantie du prêt. Au contraire, aucune banque ne prêtera d'argent à un ménage pour acheter des actions ou, *a fortiori*, n'acceptera ces actions comme garantie (ou « collatéral ») du prêt.

La spéculation que réalise le ménage dépend de ses anticipations quant à l'attractivité future de la zone où se situe le logement compte tenu, en particulier, de la faible élasticité de l'offre de logements sur le long terme. Comptant aujourd'hui sur un effet de levier beaucoup plus grand que par le passé, les ménages ont la conviction, très profonde, que le coût de l'achat sera, à terme, compensé par une plus-value considérable... beaucoup plus considérable que s'ils investissaient leur épargne en obligations d'État. C'est ce qui explique qu'ils soient prêts à acheter un bien très cher.

Ce motif spéculatif explique comment une petite impulsion – par exemple un changement de réglementation facilitant l'accès au crédit ou une baisse des taux d'intérêt – peut conduire à un mécanisme auto-entretenu d'augmentation des prix, dans un contexte où l'offre est peu élastique. »

Peut-on parler de « bulle immobilière » en France ?

Dans ses travaux, R. Shiller a pu démontrer qu'un accroissement anormal de l'écart entre le prix effectif des actifs et leurs déterminants économiques fondamentaux entraîne la formation d'une « bulle de prix »[1]. Il a ainsi anticipé l'éclatement de la bulle Internet, puis de la bulle immobilière américaine.

1. Robert Shiller, *op. cit.*

Il est pourtant difficile de prédire une telle issue s'agissant du marché français de l'immobilier.

Certes, l'évolution du prix des logements peut, rapportée aux « fondamentaux », laisser croire à leur surévaluation et donc à l'existence d'une bulle immobilière, notamment dans les zones les plus tendues. Mais seul un retour des prix vers les fondamentaux permettra de confirmer qu'il y a effectivement eu une surévaluation. Or, contrairement à ce qui s'est passé en Espagne ou aux États-Unis, le prix des logements n'a été que très peu corrigé en France après la crise de 2007. Peut-être parce que les biens immobiliers n'avaient en réalité pas, auparavant, atteint leur «juste» prix. C'est le signe, également, d'une profonde différence avec le système bancaire anglo-saxon, où les prêts à taux variable sont couramment gagés sur la valeur du bien acheté, tandis que les banques françaises distribuent des prêts à taux fixes et prennent leurs garanties sur les revenus des emprunteurs.[1]

Inversement, nier l'existence d'une surévaluation et d'une bulle semble tout aussi prématuré. Le niveau élevé des prix tient en effet pour partie aux conditions de financement particulièrement favorables offertes par le secteur bancaire depuis la crise de 2007 : celles-ci ont, indubitablement, permis de préserver le pouvoir d'achat immobilier des ménages et l'attractivité du marché.

D'ailleurs, les bulles immobilières mettent parfois de longues années à se dégonfler (près de 20 ans pour la bulle immobilière japonaise). L'immobilier possède une inertie à la baisse bien supérieure à celle de la bourse : les propriétaires préfèrent souvent attendre et différer leur projet de vente plutôt que d'accepter une baisse. De ce fait, le retour des prix vers les fondamentaux risque de s'opérer sur une longue période.

---

1. Bernard Vorms, «Peut-on assurer la solidité du système bancaire aux dépens des accédants à la propriété ?», Politiquedulogement.com, 2015.

L'augmentation des prix de l'immobilier est-elle durable ?

De 1998 à 2011, les prix du logement en France ont augmenté beaucoup plus rapidement que les revenus des ménages, ce qui peut laisser penser que les prix de l'immobilier sont exagérément élevés. Depuis 5 ans, les prix sont redevenus plus stables, malgré la reprise d'un mouvement haussier durant l'année 2016. Mais est-il possible de prédire quelles pourraient être les tendances dans les 5 à 10 ans à venir ?

Des cycles immobiliers difficilement prévisibles

« La prévision est difficile, surtout lorsqu'elle concerne l'avenir » : ce trait de l'humoriste Pierre Dac s'applique à merveille aux cycles immobiliers. Composites, ces cycles sont difficilement modélisables. Leur durée et leur intensité varient, tandis que les crises sont souvent plus brutales et plus courtes que les périodes de stabilité ou de hausse. Il serait donc erroné de croire que l'immobilier évolue toujours plus favorablement que les marchés financiers. Au Japon, par exemple, l'explosion de la bulle immobilière de 1990 a été suivie par une baisse longue et continue pendant 20 ans des prix immobiliers.

Impossible de prédire si un accédant à la propriété réalisera ou non une plus-value le jour où il revendra son logement… L'existence et l'ampleur de celle-ci dépendront de nombreux paramètres (localisation, durée de détention du bien, évolution de son environnement, améliorations apportées, etc.).

C'est ainsi que, entre 1996 et 2007, les prix des appartements anciens ont été multipliés par 3 à Marseille, beaucoup plus rapidement qu'à Paris ou à Lyon… mais les prix y ont aussi davantage baissé au moment de la crise de 2008-2009, avant de remonter dès 2010. Depuis, les valeurs de la cité phocéenne ont diminué de manière presque ininterrompue (– 16 % entre 2011 et 2016), alors qu'elles sont restées stables à Paris et ont même progressé à Lyon (+ 6 %).

VARIATION DES PRIX DE VENTE DES LOGEMENTS DE 1998 À 2018

	Du T3 1998 au T3 2008	Du T3 2008 au T3 2018
France métropolitaine	142 %	4 %
Île-de-France	148 %	18 %
Paris	185 %	44 %
Province	139 %	-1 %
Rhône-Alpes	150 %	6 %
Région PACA	179 %	-5 %

Source : indices notaires – INSEE

L'immobilier, un élément de sécurisation du patrimoine

Et pourtant : la croyance est tenacement ancrée, depuis la fin des Trente Glorieuses, que l'immobilier reste une « valeur refuge », ce qu'ont confirmé les deux crises financières de 2009 et 2011. Même lorsque les particuliers réalisent un investissement et, à ce titre, sont censés comparer la rentabilité d'une acquisition immobilière à celle d'autres placements à long terme, on constate qu'ils se détournent en partie des investissements « à risque » (placements boursiers notamment) et s'orientent de préférence vers la pierre. L'immobilier est en effet réputé offrir un investissement solide dans un pays qui, comme la France, demeure attractif tant en termes d'activité économique que de tourisme.

À long terme, plusieurs scénarios sont possibles...

C'est la conjonction de plusieurs facteurs structurels et conjoncturels qui déterminera l'évolution future des prix immobiliers.

Certains experts considèrent que leur niveau actuellement élevé est avant tout lié à l'incapacité chronique de l'offre à satisfaire la demande de logements des ménages. Mais il est difficile d'améliorer rapidement l'offre, notamment dans les zones déjà tendues où le foncier disponible est rare. C'est pourquoi la localisation des biens sera sans doute, à l'avenir, un facteur de plus en plus déterminant de différenciation des prix. Plusieurs économistes ont ainsi souligné qu'à Paris, où les prix sont encore très en retard en comparaison avec d'autres grandes métropoles comme Londres ou New York, des hausses importantes ne sont pas à exclure.

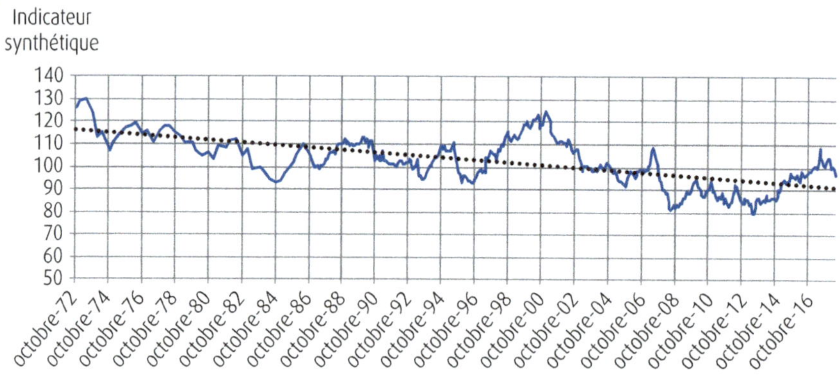

Source : Insee, Enquêtes mensuelles de conjoncture auprès des ménages

FIGURE 10.1. CONFIANCE DES MÉNAGES

De même, la fiscalité applicable à l'immobilier peut jouer au soutien de l'offre comme de la demande. Il n'est donc pas indifférent que l'État ait marqué le souhait, dans le cadre de son Plan Logement, de restreindre les mesures de soutien découlant de certains dispositifs fiscaux (PTZ, Pinel, etc.) aux zones les plus tendues à compter de 2018... De même, sa décision de concentrer l'imposition de la fortune sur les propriétaires immobiliers, au travers de la transformation de l'ISF en « impôt sur la fortune immobilière », aura sans doute une incidence sur la détention de résidences secondaires.

Toutefois, deux facteurs se voient généralement prêter un rôle prépondérant.

C'est, en premier lieu, le cas de la confiance (ou du « moral ») des ménages. Mesurée chaque mois par l'Insee à partir du croisement de plusieurs variables (niveau de vie et situation financière personnelle passés et futurs, risque de chômage, opportunité de faire des achats importants, capacité à épargner actuelle et à venir), elle ne présente pourtant pas de corrélation évidente avec la demande de logement. Alors que le niveau de confiance des Français oscille amplement et est orienté à la baisse depuis 20 ans, les prix n'ont pas cessé de flamber ces dernières années (voir fiche 9 sur les ressorts psychologiques des prix immobiliers).

L'évolution des taux d'intérêt des crédits immobiliers constitue un facteur plus décisif encore. Selon l'économiste J. Friggit, si les prix immobiliers ont pu progresser à de tels niveaux, c'est en raison de la faiblesse des taux d'intérêt. Celle-ci, conjuguée à l'allongement de la durée des prêts et à l'acceptation, par la plupart des ménages, d'un alourdissement de leurs dépenses de logement, a amélioré la capacité de financement des ménages. Les volumes de

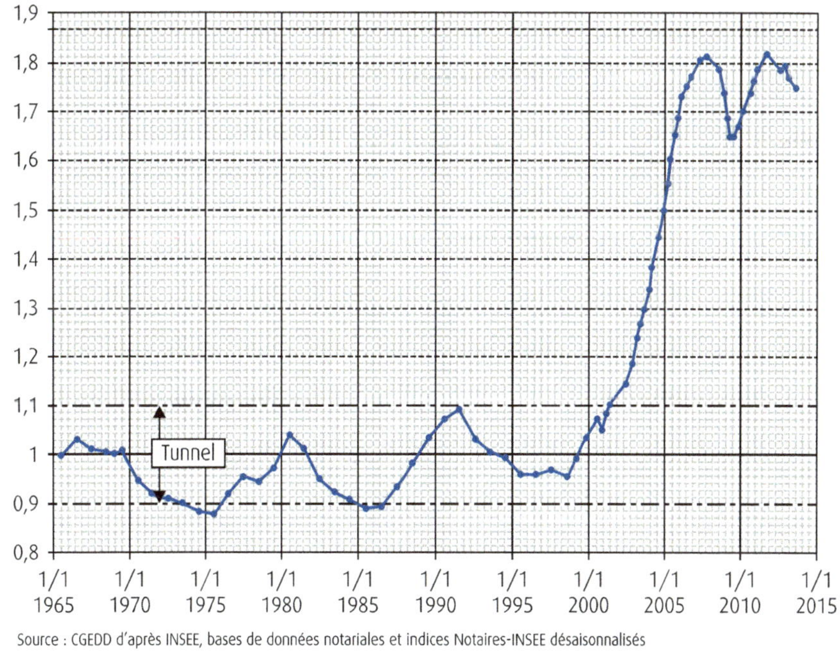

Source : CGEDD d'après INSEE, bases de données notariales et indices Notaires-INSEE désaisonnalisés

FIGURE 10.2. INDICE DU PRIX DES LOGEMENTS RAPPORTÉ AU REVENU PAR MÉNAGE

ventes ont donc continué à croître, malgré une décorrélation croissante entre la progression des salaires et celles des prix immobiliers. Ce phénomène apparaît exceptionnel, quand on considère que les valeurs immobilières ont toujours évolué, entre 1965 et 2000, dans un intervalle compris entre plus ou moins 10 % par rapport aux revenus des ménages (c'est le fameux « tunnel de Friggit »).

De nombreux analystes considèrent qu'à l'avenir, les taux d'intérêt devraient repartir à la hausse, car les banques vont avoir besoin de restaurer leurs marges, actuellement très faibles. La capacité d'achat des ménages s'en trouvant de facto réduite, une baisse des valeurs immobilières pourrait s'ensuivre.

Le principal doute, finalement, tient à la vitesse à laquelle s'opérera ce « retour à la normale » : baisse en 7 à 8 ans, ou « atterrissage en douceur » dans lequel les prix n'augmenteraient plus que sur un rythme proche de l'inflation, sur fond de stabilité de l'économie et de demande régulière et soutenue. Ce dernier scénario est souvent privilégié... sans doute parce que c'est celui le plus acceptable économiquement et socialement pour les propriétaires, auxquels une baisse importante des prix immobiliers ferait perdre des milliers d'euros, mais aussi pour les banques créancières, dont les pertes risqueraient de se chiffrer en millions.

Mais cette évolution reste étroitement dépendante de l'attitude des autorités monétaires qui, pour l'heure, continuent à alimenter généreusement l'économie en liquidités, maintenant les taux d'intérêt à leur plus bas niveau.

Évaluer les risques

FICHE 11

L'immobilier, un investissement spécifique

L'immobilier constitue un actif spécifique, ne serait-ce que parce qu'il compose généralement l'essentiel de la richesse d'un ménage. S'il exige une attention particulière, c'est aussi parce que sa détention impose certaines dépenses et que l'on ne peut s'en défaire aussi facilement que d'actions cotées en bourse. Ce sont là des éléments que doit prendre en compte tout investisseur avant de se lancer.

Un bien « réel »

Un propriétaire doit régulièrement engager des dépenses d'aménagement, d'entretien et d'embellissement, parfois conséquentes. En effet, par opposition aux actifs financiers, un bien immobilier constitue d'abord un actif physique ou « réel » (du latin *res* signifiant « chose »). Concrètement, il peut être détruit ou endommagé et, non entretenu, il se détériore inévitablement.

En outre, un bien immobilier ne peut être utilisé comme logement que s'il répond à un certain nombre de caractéristiques. Considérant qu'il rend un service vital, la législation le soumet à des normes susceptibles d'en restreindre l'usage (inconstructibilité d'un terrain, limitation des possibilités d'extension d'un logement existant, etc.). C'est aussi la raison pour laquelle il faut faire évoluer ce logement pour préserver son habitabilité et l'adapter aux standards exigés par les acquéreurs (par exemple en matière d'environnement).

Un investissement coûteux

> **L'acquisition et la détention d'un bien immobilier entraînent des frais particuliers.**

Outre le coût d'un déménagement et la commission versée à l'intermédiaire éventuellement intervenu dans la transaction (souvent égale à 4 à 6 % du prix d'achat), les frais directement liés à l'acquisition pour l'achat d'un bien « ancien » s'élèvent à 6 ou 7 % du prix d'achat. Ils comprennent les impôts versés à l'État et aux différentes collectivités locales, ainsi que la taxation du transfert de propriété (droits de mutation, taxes de publicité foncière, etc.). Quant aux frais de notaire *stricto sensu* (ceux dus pour la prestation notariale), ils représentent en réalité moins de 1 % du prix d'acquisition (voir fiche 34).

D'autres sources de dépenses significatives découlent de l'emprunt, souvent indispensable, auquel est lié le versement d'un taux d'intérêt, mais aussi des frais de dossier, d'assurance et de garantie, etc.

Il faut encore compter avec les frais liés à la propriété du bien, ce que les primo-accédants oublient parfois : impôts fonciers liés à la propriété (taxe foncière), impôts sur le patrimoine (ISF, devenu IFI – Impôt sur la fortune immobilière), assurance, etc. Pour les acquéreurs d'un lot de copropriété s'ajoutent enfin les charges de copropriété liées à l'entretien courant de l'immeuble, son administration, les frais liés aux services collectifs (gardiennage, etc.) et aux équipements communs (ascenseur, etc.). Afin d'éviter les mauvaise surprises, le futur copropriétaire pourra utilement consulter les documents devant être fournis par le vendeur (voir fiche 31), mais également le registre national d'immatriculation des copropriétés qui comporte des indications utiles sur l'état des copropriétés en France.

Une carte d'identité des copropriétés[1]

Obligation instituée par la loi Alur du 24 mars 2014, le registre national d'immatriculation des copropriétés constitue une véritable carte d'identité de ces ensembles. Regroupant les informations techniques et financières essentielles des copropriétés, le registre permet de mieux connaître le parc des logements concernés (nombre, localisation, taille, âge) ainsi que leur état, et d'informer les acquéreurs de lots dès la promesse de vente.

Un actif pas si facile à revendre

Le logement entre dans la catégorie des actifs « non liquides », c'est-à-dire de ceux dont l'équivalent en numéraire ne peut être disponible rapidement. Pour percevoir le prix de vente, il faut en effet vendre le bien et donc trouver un acquéreur solvable acceptant de payer ce prix.

Or, le résultat de la vente est soumis aux évolutions difficilement prévisibles du marché, d'autant que le propriétaire peut être contraint de vendre à un mauvais moment (pour cause de divorce, de perte d'emploi, etc.). Certains biens – la presse s'en fait l'écho – s'avèrent finalement invendables, même avec une forte baisse de prix.

La durée du processus est elle aussi incertaine et ponctuée de procédures coûteuses et complexes. Pour conclure la vente, le propriétaire est obligé de faire établir un dossier de diagnostics techniques, de mettre en valeur le bien, de trouver l'acquéreur... Et, finalement, la concrétisation de l'opération dépendra de la situation financière de l'acquéreur et de son aptitude à obtenir un financement. Si une vente se réalise en 50 jours en moyenne, les circonstances peuvent considérablement allonger ce délai (par exemple si une collectivité locale veut exercer son droit de préemption).

S'ajoute, dans certains cas, la nécessité de procéder simultanément à deux opérations : la vente de son ancien logement et l'acquisition du nouveau. Celui qui se sépare de sa résidence principale risque de ne plus avoir de logement s'il vend « trop vite ». Inversement, il peut peiner à trouver un acquéreur pour son ancien logement... alors même qu'il aura déjà acquis le nouveau. Si bien que pour éviter de se retrouver sans toit, le recours – onéreux – au prêt relais s'avère parfois nécessaire.

1. Les cahiers de l'Anah, novembre 2016.

Qu'est-ce qu'un prêt relais ?

La banque avance à l'acquéreur d'un logement des fonds pour financer l'opération, en attendant la revente de son ancienne résidence. Ce prêt est généralement consenti sur 12 à 24 mois afin de laisser à l'emprunteur le temps de conclure les opérations successives. Mais, le plus souvent, la banque ne prête qu'une fraction du prix de vente escompté : entre 60 et 80 % de la valeur du bien à vendre. La banque n'a en effet pas intérêt à se fier totalement aux espoirs de l'emprunteur, fussent-ils appuyés par les estimations de professionnels. Le risque existe toujours que le ménage ait fondé son plan de financement sur la revente du premier logement à un prix « haut » du marché... et que le bien ne trouve finalement preneur qu'à un prix « bas ».

En dépit de ces éventuelles difficultés lors de la revente et des risques inhérents à tout engagement financier dans la durée, les Français sont massivement séduits par la perspective de devenir ou de demeurer propriétaires. Beaucoup optent pour l'achat de leur résidence principale et, pour ceux-là, le logement constitue la principale richesse (il représente en moyenne les deux tiers de leur patrimoine).

FICHE 12

La fiscalité, une charge à prendre en compte

La rentabilité d'une acquisition immobilière n'a pas la même importance selon que l'on achète pour se loger ou pour faire fructifier son patrimoine. Mais le coût de l'acquisition, comme celui de la détention du bien, ne doivent pas pour autant obérer les capacités financières de l'accédant à la propriété. Et tout propriétaire, qu'il occupe ou non le logement, nourrit l'espoir de réaliser une plus-value, lorsque le temps sera venu de le revendre. Or, il ne faut pas méconnaître le poids des charges fiscales applicables au fur et à mesure de la réalisation du projet.

Fiscalité liée à l'acquisition du bien

Si la plupart des candidats à l'acquisition ont conscience qu'ils devront acquitter des frais dits « de notaire » élevés, peu d'entre eux savent que ces frais se composent en réalité, pour la majeure partie, de droits dus au Trésor Public. Variables, ces frais représentent entre 2 et 8 % du prix de vente, il est donc important d'en tenir compte pour monter son budget de financement (voir fiche 34).

En contrepoint, les pouvoirs publics accordent parfois à l'accédant à la propriété un soutien matériel, pour mener à bien l'une ou l'autre des étapes de son projet : amélioration de l'habitat ancien (par exemple crédit d'impôt en faveur de la transition énergétique), aide aux personnes en situation de fragilité (crédit d'impôt en faveur des personnes âgées ou handicapées), soutien à la construction (réduction d'impôt « Pinel », dispositif « Censi Bouvard »), encouragement à investir dans certaines zones géographiques (zones ANRU, régions situées outre-mer), etc. Encore faut-il entrer dans les conditions, nombreuses, encadrant l'octroi des mesures en cause, chaque régime étant susceptible d'être remis en cause au gré des évolutions des politiques publiques.

Fiscalité liée à l'occupation ou à la propriété du bien

Une fois le bien acquis, encore le propriétaire doit-il acquitter les taxes et impositions qui accompagnent l'occupation ou la propriété d'un logement.

Il convient de ne pas négliger le poids de la fiscalité locale. Certes, la taxe d'habitation, due par toute personne occupant un bien immobilier (à titre de propriétaire comme de locataire, de colocataire, d'usufruitier, etc.) doit être supprimée d'ici 2020 pour 80 % des ménages et, à terme, pourrait même ne plus concerner que les propriétaires de résidences secondaires. Reste que plus de 6 000 communes ont voté une hausse du taux de cet impôt local en 2018 (près d'une sur six), qui alourdit la charge fiscale de ceux qui continuent à y être assujettis.[1]

1. www.lefigaro.fr/impots/2018/10/11/05003-20181011ARTFIG00321-exclusif-ces-6000-communes-qui-ont-augmente-leur-taxe-d-habitation.php?redirect_premium

IMPACT DE LA FISCALITÉ SUR LE COÛT D'ACQUISITION D'UN LOGEMENT À CRÉDIT SUR 20 ANS

Ville	Prix au m² au T3 2018	Prix pour 70 m²	Taux sur 20 ans*	Coût du crédit	Mensualité	Taxe habitation annuelle**	Taxe foncière annuelle**	Total fiscalité locale	« Mois » en plus par an	Mensualité fiscalité incluse	Hausse de la mensualité
Saint-Etienne	880 €	61 600 €	1,45 %	9 400 €	296 €	1 182 €	966 €	2 148 €	7,3	475 €	179 €
Nîmes	1 660 €	116 200 €	1,44 %	17 603 €	557 €	1 332 €	1 423 €	2 755 €	4,9	787 €	230 €
Le Mans	1 450 €	101 500 €	1,51 %	16 160 €	490 €	1 147 €	1 064 €	2 211 €	4,5	675 €	184 €
Le Havre	1 720 €	120 400 €	1,51 %	19 169 €	582 €	860 €	1 343 €	2 203 €	3,8	765 €	184 €
Angers	1 870 €	130 900 €	1,51 %	20 841 €	632 €	931 €	1 354 €	2 285 €	3,6	822 €	190 €
Dijon	2 000 €	140 000 €	1,45 %	21 363 €	672 €	908 €	1 293 €	2 201 €	3,3	856 €	183 €
Montpellier	2 560 €	179 200 €	1,44 %	27 148 €	860 €	1 317 €	1 387 €	2 704 €	3,1	1 085 €	225 €
Toulon	2 120 €	148 400 €	1,44 %	22 482 €	712 €	1 044 €	1 176 €	2 220 €	3,1	897 €	185 €
Marseille	2 350 €	164 500 €	1,44 %	24 921 €	789 €	1 430 €	1 026 €	2 456 €	3,1	993 €	205 €
Reims	2 020 €	141 400 €	1,42 %	21 111 €	677 €	1 001 €	1 069 €	2 070 €	3,1	849 €	173 €
Grenoble	2 100 €	147 000 €	1,45 %	22 431 €	706 €	837 €	1 252 €	2 089 €	3,0	880 €	174 €
Toulouse	2 630 €	184 100 €	1,48 %	28 702 €	887 €	1 107 €	1 214 €	2 321 €	2,6	1 080 €	193 €
Rennes	2 710 €	189 700 €	1,51 %	30 202 €	916 €	1 313 €	989 €	2 302 €	2,5	1 108 €	192 €
Nantes	2 940 €	205 800 €	1,51 %	32 766 €	994 €	1 165 €	1 202 €	2 367 €	2,4	1 191 €	197 €
Strasbourg	2 640 €	184 800 €	1,48 %	28 810 €	890 €	1 124 €	810 €	1 934 €	2,2	1 051 €	161 €
Lille	2 650 €	185 500 €	1,42 %	27 695 €	888 €	1 031 €	786 €	1 817 €	2,0	1 040 €	151 €
Bordeaux	4 300 €	301 000 €	1,48 %	46 926 €	1 449 €	1 273 €	1 356 €	2 629 €	1,8	1 668 €	219 €
Nice	3 680 €	257 600 €	1,44 %	39 025 €	1 236 €	1 125 €	1 051 €	2 176 €	1,8	1 417 €	181 €
Lyon	3 830 €	268 100 €	1,45 %	40 911 €	1 288 €	987 €	809 €	1 796 €	1,4	1 437 €	150 €
Paris	9 500 €	665 000 €	1,40 %	97 618 €	3 171 €	493 €	675 €	1 168 €	0,4	3 269 €	97 €

* Source : Meilleurtaux (juin 2018)

** Taxe d'habitation et taxe foncière : source Forum pour la gestion des villes, pour un couple avec 2 enfants (info 2017 avec projection [taxe habitation +2,5 % et taxe foncière +3 %])

D'autant que la taxe foncière pourrait, de son côté, être appelée à compenser la perte de ressource liée, pour les collectivités, à la suppression de la taxe d'habitation.

Or, taxe foncière et taxe d'habitation peuvent, cumulées, représenter plusieurs mensualités de crédit supplémentaires par an ! En prenant l'hypothèse d'un bien acquis au prix médian au 2e trimestre 2018, d'une surface de 70 m² par un couple avec deux enfants vivant dans l'une des dix grandes métropoles françaises, la fiscalité locale aurait ainsi représenté jusqu'à plus de 200 € mensuels supplémentaires à acquitter selon les communes. À Nîmes, par exemple, le surplus lié aux taxes locales s'élève à 230 € par mois. De manière générale, c'est dans les villes où les prix de l'immobilier sont les plus faibles que la fiscalité locale est proportionnellement la plus lourde, puisque la fiscalité n'est pas proportionnelle aux prix de l'immobilier et que les écarts de fiscalité sont bien moindre que ceux des prix.

Pour certains s'ajoute l'IFI, Impôt sur la fortune immobilière, qui succède à l'Impôt sur la fortune (ISF). Si certains critères d'imposition sont demeurés les mêmes que pour l'ISF (barème, seuil d'assujettissement, abattement de 30 % sur la résidence principale, etc.), cet impôt affecte désormais les seuls propriétaires d'actifs immobiliers non affectés à l'activité professionnelle (biens et droits immobiliers, parts de SCI, SCPI ou OPCI), tandis que les placements financiers sont exemptés. Au-delà d'un certain seuil, investir dans la pierre n'est donc pas neutre fiscalement.

Fiscalité liée à l'exploitation du bien

Lorsque le logement acquis est destiné à être mis en location, les loyers perçus sont imposables. Au moment de faire sa déclaration de revenus fonciers, le propriétaire doit calculer son revenu brut foncier annuel (les loyers sans les charges). Deux régimes d'imposition existent :

- si le bien immobilier est loué meublé, il est fait application du régime des bénéfices industriels et commerciaux. Le propriétaire bailleur, non professionnel, peut bénéficier du « micro-BIC » si ses revenus sont inférieurs à 70 000 €, ce qui lui permet d'obtenir un abattement de 50 % sur ses recettes brutes. En clair, il n'est imposé que sur la moitié des loyers perçus. Mais attention : aucune autre charge ne peut être déduite. À partir de 70 000 € de loyers encaissés (ou sur option du contribuable), le contribuable est obligatoirement imposé au régime « réel » qui prévoit la déduction de toutes les charges relatives à la propriété ;
- si le bien est loué nu, les revenus sont imposés comme des revenus fonciers. Dès lors que le montant des revenus n'excède pas 15 000 €, le propriétaire peut se voir appliquer le régime du « micro foncier » : il jouit d'un abattement de 30 % du revenu imposable, les 70 % restants étant soumis au barème de l'impôt sur le revenu. Si ce seuil est dépassé (ou sur option), le contribuable se voit appliquer le régime dit « réel », qui permet de déduire les frais et charges engagés pour le bien mis en location, poste par poste, pour leur montant réel (charges de copropriété, intérêts d'emprunt, provisions pour charges de copropriété, certains travaux, frais de gestion, etc.). Si le résultat foncier est bénéficiaire, il s'ajoute aux autres revenus annuels du contribuable, puis est soumis à l'impôt sur le

revenu. Sinon, le déficit foncier s'impute sur le revenu global annuel, autorisant ainsi le propriétaire à diminuer son impôt sur le revenu.

Fiscalité liée à la revente du bien

Même si le propriétaire se décide finalement à revendre son bien, il n'en est pas pour autant quitte vis-à-vis du Trésor Public. Dans le cadre de la gestion d'un patrimoine privé, le gain constaté lors de la revente doit être soumis au régime des plus-values immobilières des particuliers.

Prix de cession =
prix de vente
+ charges supportées par l'acquéreur
– frais de cession

Pour connaître le montant de l'impôt, il convient dans un premier temps de calculer la plus-value : celle-ci est égale à la différence entre le prix de cession d'un bien et son prix d'acquisition :

- le prix de cession renvoie au prix de vente, majoré des charges et indemnités payées par l'acheteur et prévues dans l'acte notarié, et minoré des frais supportés au moment de la cession (par exemple diagnostics obligatoires, somme versée à un intermédiaire ou à un mandataire, frais de mainlevée...) ;

Prix d'acquisition =
prix d'achat
+ charges supportées au moment de l'achat
+ frais d'acquisition
+ dépenses de travaux
+ frais de voirie, de réseaux et de distribution

- quant au prix d'acquisition, il s'agit du prix auquel le vendeur avait acheté le bien. Il faut y ajouter les charges et indemnités versées au vendeur au moment de l'achat, ainsi que les frais d'acquisition (droits d'enregistrement ou TVA payée au moment de l'acquisition, frais de notaire...), les dépenses de travaux (construction, reconstruction, agrandissement, ou amélioration), les frais de voierie, de réseaux et de distribution.

Dans tous les cas, le vendeur doit pouvoir justifier auprès de l'administration fiscale les charges et indemnités qu'il estime avoir supportées.

Une fois la plus-value déterminée, elle sera soumise :

- à l'impôt sur le revenu au taux de 19 % ;
- aux prélèvements sociaux au taux de 17,2 %.

Un abattement est prévu en fonction de la durée de détention (lorsque l'immeuble cédé est détenu depuis plus de 5 ans) : plus cette durée est longue, plus le montant de la plus-value imposable – et par conséquent celui de l'impôt – diminue. Le bien est ainsi totalement exonéré à partir de 22 années de détention en ce qui concerne l'impôt sur le revenu, à partir de 30 années de détention, en ce qui concerne les prélèvements sociaux.

Il existe par ailleurs plusieurs cas d'exonération de l'imposition sur les plus-values. La plus connue concerne la résidence principale : l'exonération est totale, à condition que le bien en cause constitue la résidence habituelle du contribuable au jour de la vente. De même, les ventes d'un montant inférieur à 15 000 € sont exonérées ainsi que, sous certaines conditions, celles réalisées par des non-résidents.

C'est le notaire qui se charge de l'établissement de la déclaration d'impôt sur la plus-value immobilière et du versement de l'impôt, s'il y a lieu.

De nouvelles incitations fiscales pour vendre des terrains

Les terrains à bâtir ou de biens immobiliers bâtis dans les zones tendues (zones A et A bis) bénéficient d'un abattement exceptionnel lorsqu'est envisagée la construction de logements d'habitation collectifs. Le taux de l'abattement de droit commun est fixé à 70 %, et il peut atteindre 85 % sous condition. Cet abattement s'applique à la triple condition que :

- la promesse ou le compromis de vente soit signé entre le 1er janvier 2018 et le 31 décembre 2020 ;
- l'acte définitif soit régularisé au plus tard le 31 décembre de la deuxième année suivant celle de la signature de l'avant-contrat ;
- l'acte de vente contienne un engagement de l'acquéreur de réaliser ou d'achever un ou plusieurs immeubles collectifs à usage d'habitation dans les quatre années qui suivent l'acquisition.

FICHE 13

Investir dans le marché du neuf, quelle différence ?

Depuis 15 ans, en raison de l'explosion des prix des marchés immobiliers anciens, les écarts se sont réduits en France entre l'ancien et le neuf, notamment dans les grandes agglomérations, même si un logement ancien reste en moyenne moins cher. Les prix du neuf dépendent en effet de nombreux paramètres qui, actuellement, subissent une pression à la hausse : rareté des terrains disponibles, coûts de la construction, fiscalité...

Un investissement attrayant

En 2017, sur 7 achats de logements en Île-de-France (appartements ou maisons), 6 concernaient des logements anciens et 1 portait sur un logement neuf.[1] Dans ce contexte, les prix proposés par les promoteurs sont nécessairement en partie corrélés aux prix et caractéristiques du parc avoisinant.

Certains acquéreurs se montrent particulièrement sensibles aux attraits du neuf. Les frais dits « de notaire » y sont d'abord moins élevés que dans l'ancien : pour un bien acquis 200 000 € à Paris, le notaire demandera 15 700 € de provisions sur frais si le bien est ancien... mais seulement 5 200 € pour un bien neuf (sur les frais de notaire, voir fiche 34). Ce type de bien n'exige pas non plus de travaux à court terme (ravalement de façade, par exemple), tandis que la garantie décennale qui le couvre s'étend aux éventuels problèmes de bâti. Enfin, pendant deux années, une exonération fiscale évite à l'acheteur de payer la taxe foncière (à l'exception de la part communale).

Quant aux prestations, elles sont en principe supérieures à celles attendues de l'ancien : parkings, éléments de sécurité (vidéophone, portails), baies vitrées et larges ouvertures, isolation thermique et phonique, balcons et terrasses, règles d'accessibilité... d'autant que l'acquisition sur plan permet, dans une certaine mesure, d'adapter le logement aux attentes de l'acquéreur.

Mais le neuf comporte aussi certains inconvénients : une localisation parfois excentrée (car dépendante du foncier disponible), un surcoût lié aux matériaux utilisés, etc. Enfin, les délais de livraison – souvent allongés par rapport aux prévisions initiales – sont tels que l'acquéreur est parfois obligé de prendre un autre logement jusqu'à l'achèvement des travaux.

1. On dénombrait, en 2017, 230 000 ventes de logements anciens et 38 000 ventes de logements neufs.

SURFACE MÉDIANE DE LOGEMENTS NEUFS ET ANCIENS EN 2018 (APPARTEMENTS DE 2 ET 3 PIÈCES)

	Appartements anciens	Appartements neufs
Paris	45 m²	49 m²
Île-de-France	51 m²	55 m²
Province	55 m²	51 m²
Toulouse	54 m²	47 m²
Bordeaux	52 m²	61 m²

Source : Notaires de France - bases BIEN & PERVAL

Un marché très influencé par les politiques publiques

Le surcoût lié à un investissement dans le neuf explique sans doute que ce marché soit extrêmement sensible aux dispositifs publics de soutien à l'investissement locatif ou à la primo-accession (« Pinel », acquisitions en TVA à taux réduit dans certains quartiers, prêt à taux zéro, etc.). De fait, les variations d'activité et l'accroissement de la hausse ou de la baisse des ventes tiennent essentiellement, dans le neuf, au succès ou à l'échec de ces différentes mesures. Aussi n'est-il pas indifférent que le gouvernement ait exprimé son souhait de recentrer les aides (notamment le dispositif Pinel et le PTZ) sur les zones tendues afin d'y augmenter l'offre de logements. De même entend-il, par le biais d'aides fiscales, inciter les propriétaires à proposer à la vente davantage de terrains à bâtir.

Dans le même temps, on reproche pourtant souvent aux très nombreuses réglementations imposées à la construction de brider le développement de l'offre et son ajustement aux attentes du marché. La multiplication et la complexité des normes, de même que le malthusianisme de certaines maires - découragés par l'adage qui veut qu'un maire bâtisseur soit souvent un maire battu - s'ajoutent à la rareté du foncier disponible et au coût élevé de la construction pour contraindre la production de logements neufs. C'est pourquoi le gouvernement s'est, avec le « Plan logement » de 2018, attaché à encourager l'offre de logements en explorant différentes pistes : éviter les recours abusifs contre les permis de construire, simplifier les normes de construction, etc.

D'ailleurs, la faiblesse de la construction s'explique aussi par la rareté du foncier disponible et le prix élevé de la construction. Pourtant, contrairement à l'opinion courante, ce n'est pas le prix élevé du foncier qui fait le prix des logements mais, à l'inverse le prix des logements qui détermine le prix du foncier.[1]

1. Pour comprendre cet apparent paradoxe, on se reportera à l'article de François Delarue, « Action foncière et politique de l'habitat », publié en 2018 sur le site Politiquedulogement.com.

Où trouve-t-on le plus de biens neufs ?

NOMBRE DE VENTES DE BIENS NEUFS EN 2017

	Appartements	Maisons
France entière	119968	10489
Île-de-France	33475	1757
Bretagne	5626	361
Auvergne-Rhône-Alpes	17905	1656

Source : Enquête sur la Commercialisation de Logements Neufs (ECLN)

Les résultats de l'enquête ECLN montrent que plus du quart des appartements mis en vente en 2017 l'ont été en Île-de-France, contre un sixième des maisons. On constate toutefois que la région capitale est bien celle où le plus de biens neufs sont mis en vente.

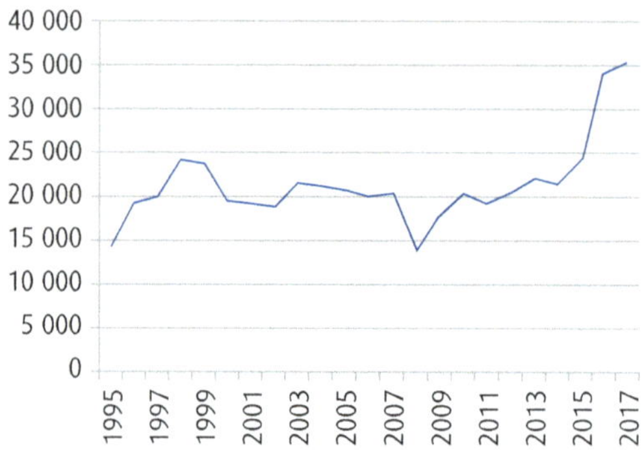

Source : Enquête sur la Commercialisation de logements neufs (ECLN)

FIGURE 13.1. VENTE DE LOGEMENTS NEUFS EN ÎLE-DE-FRANCE

En Île-de-France, depuis 20 ans, les volumes de ventes du marché du neuf oscillent entre 18000 et 35000 unités par an. Il convient toutefois de distinguer les maisons et les appartements. Sur cette période, 4 ventes de maisons neuves sur 5 ont été réalisées en grande couronne, près du tiers des transactions ayant même été conclu en Seine-et-Marne où le foncier est le plus abondant. S'agissant des appartements, les transactions se répartissent de façon plus homogène : 6 % à Paris, 53 % en petite couronne et 41 % en grande couronne.

Comment expliquer la faible part du marché parisien dans le secteur du neuf ? Elle est bien sûr liée à la densité du tissu urbain de la capitale, ainsi qu'à la préservation du bâti existant et du patrimoine historique qui limite les programmes immobiliers neufs dans Paris. Seules quelques centaines d'appartements neufs y sont vendues chaque année depuis plus de 10 ans.

PART DES APPARTEMENTS ET DES MAISONS DANS LES VENTES DE BIENS NEUFS EN 2018

	appartements	maisons
Paris	100 %	0 %
Île de France	95 %	5 %
Province	82 %	18 %
Alpes-Maritimes	96 %	4 %
Isère	80 %	20 %

Source : Notaires de France – bases BIEN & PERVAL

On constate un écart de prix relativement homogène entre le neuf et l'ancien dans les différents départements, sauf dans les Hauts-de-Seine et Paris où les prix de l'ancien sont les plus élevés mais où le supplément de prix pour le neuf reste très important en valeur.

L'acquéreur dans le neuf : un profil particulier

En Île-de-France comme en province, les acquéreurs de logements neufs sont plus âgés. Ainsi, la part des 45 à 59 ans est plus importante que dans l'ancien. De même, en province, on note une plus forte part des acquéreurs de plus de 60 ans et une très faible part des acquéreurs de moins de 30 ans. À Toulouse, par exemple, les moins de 30 ans ne représentent que 10,1 % dans le neuf, contre 21,2 % des acquéreurs dans l'ancien.

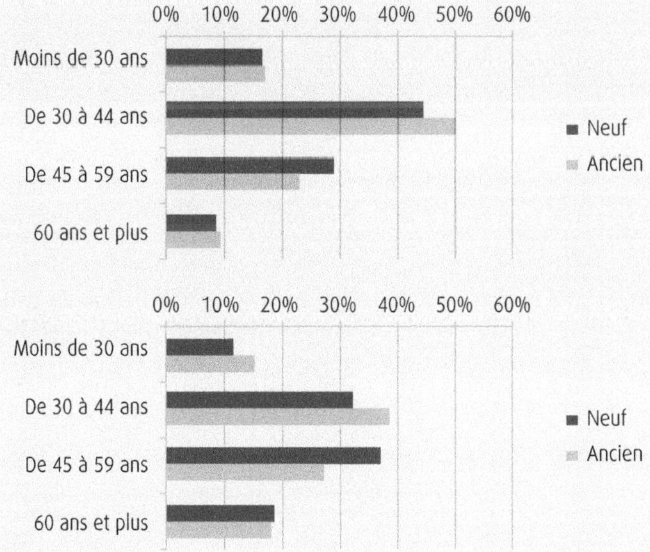

FIGURE 13.2. ÂGE DES ACQUÉREURS EN ÎLE-DE-FRANCE ET EN PROVINCE

En termes de catégorie socioprofessionnelle, les acquéreurs franciliens de logements neufs exercent un peu plus souvent les fonctions de cadre (38,7 % des acquéreurs) que lorsque l'acquisition se fait dans l'ancien (36,8 % dans l'ancien). De même en est-il pour les professions intermédiaires (31,2 % des acquéreurs contre 29,4 % dans l'ancien).

En province, bien que les cadres supérieurs soient bien moins nombreux, ils sont encore mieux représentés parmi les acquéreurs de neuf (25,7 % contre 15,5 % dans l'ancien), au détriment des employés et ouvriers (20,7 % contre 31,6 % dans l'ancien).

La situation à Toulouse ou Strasbourg est plus bien contrastée qu'à Paris avec, respectivement, 42,8 % et 44,7 % de cadres supérieurs parmi les acquéreurs de neuf contre 30,2 % et 35,2 % dans l'ancien. Cette forte part des cadres supérieurs se fait au détriment de toutes les autres catégories socioprofessionnelles.

Et si je n'ai pas assez pour acheter mon logement ?

S'il faut souvent du temps pour acquérir une résidence, il n'est cependant pas indispensable d'attendre un âge avancé pour réaliser ses premiers investissements immobiliers. Il existe une grande variété de placements immobiliers, du petit logement mis en location, à la place de parking ou un box, en passant par les parts de SCPI. La valeur de ces investissements pourra être utilisée afin de constituer un apport personnel, le jour venu, ou conservée en vue de produire des revenus réguliers.

Acquérir un petit logement pour le louer

La constitution d'un patrimoine immobilier débute parfois par un investissement locatif. Les stratégies poursuivies par le bailleur doivent également être distinguées : tandis que l'acquisition d'un petit logement (du studio au 3-pièces) répond en principe à une logique avant tout financière, celle d'une maison reflète plus souvent un projet immobilier à part entière (achat de sa future résidence secondaire, d'un lieu où le ménage se retirera une fois à la retraite, etc.).

Si son projet répond à certaines conditions, l'acquéreur peut profiter d'une des mesures de soutien à l'accession-investissement. Celles-ci se sont succédé depuis 1984 (Méhaignerie, Périssol, Besson, Robien, Scellier, Duflot, Pinel, etc.) et 48 000 logements environ ont bénéficié chaque année d'un dispositif de ce type entre 1995 et 2011.[1]

Reste que la rentabilité d'un investissement locatif – qui atteint en moyenne 3 à 6,5 % – s'est amoindrie au fil du temps. Elle dépend non seulement des frais engendrés par la détention et la mise en location du bien (fiscalité, éventuelles charges de copropriété, coût de l'entretien de l'immeuble, etc.), mais aussi du ratio entre le prix payé pour l'acquisition du bien et le montant des loyers. Or, tandis que les prix d'achat d'un bien immobilier se sont envolés au cours des dernières années, les loyers ont connu une hausse beaucoup plus mesurée : ils ont été multipliés par 1,4 depuis 1996, contre 2,5 pour le prix des logements anciens et, à Paris, par 3,5 pour les appartements anciens (voir fiche 6).

En outre, tout bailleur se trouve exposé au risque de vacance du logement loué, notamment si sa superficie ou sa localisation ont été mal calibrés par rapport à la demande. Dans certaines villes où le marché locatif n'était pas particulièrement tendu, il est arrivé que les biens ne trouvent pas preneur au loyer proposé. Et même ainsi, les impayés de loyer ne sont jamais à exclure. Ils sont en réalité peu fréquents : selon le ministère du Logement, ils représentent moins de 2,5 % de la totalité des loyers perçus.

---

1. J. Bosvieux, « Incitations fiscales à l'investissement locatif : succès quantitatif, ciblage imparfait », *Regards croisés sur l'économie*, 2011/1, p. 162.

Dans tous les cas, le propriétaire devra être en mesure de rembourser le crédit immobilier éventuellement contracté. Il faut donc mûrement réfléchir avant de réaliser un tel investissement.

Les parkings, un placement rentable à certaines conditions

Contrairement aux logements, la détention d'un parking n'entraîne que des charges d'entretien et de copropriété réduites : pas de frais de réparation d'une chaudière, pas de ménage quotidien, etc. En outre, le contrat de bail peut être assez librement aménagé avec l'accord du locataire (montant du loyer, conditions de révision, durée du bail, modalités de résiliation, etc.). Le règlement des impayés, par exemple, peut être facilité par la prévision d'une clause de résiliation immédiate du bail.

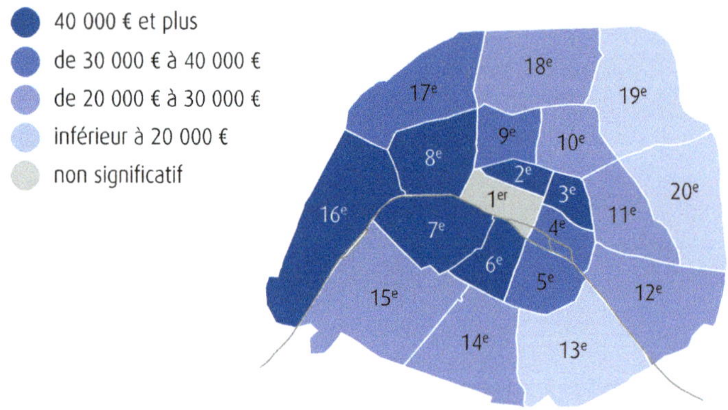

FIGURE 14.1 PRIX DE VENTE MÉDIAN DES PARKINGS EN 2018 À PARIS

> **La location d'une place de parking peut atteindre un rendement de 5 à 7 % avec un prix d'achat médian bien plus accessible que pour un logement d'habitation.**

Financièrement, l'opération est souvent intéressante. En Île-de-France, ce prix se monte à 20000 € dans les Hauts-de-Seine, 16500 € dans les Yvelines, 15000 € dans le Val-de-Marne, et autour de 11000 € dans les quatre autres départements de banlieue. Il culmine à 26000 € à Paris... voire plus de 50000 € dans certains arrondissements où manquent des places de parkings par rapport au nombre de foyers disposant d'un véhicule !

En province, les prix médians sont généralement moins élevés même s'ils peuvent, dans certaines zones recherchées, approcher les prix parisiens.

Toutefois, les caractéristiques du bien peuvent justifier des écarts de prix importants. Un box individuel coûte ainsi 20 à 30 % plus cher qu'une place de stationnement non fermée. Le tarif s'élève aussi si le sous-sol est surveillé, si l'emplacement est facilement accessible, etc.

ÉVOLUTION DU PRIX MÉDIAN D'UNE PLACE DE PARKING ENTRE 2008 ET 2018

	2008	2018
Paris	23000 €	26000 €
Île-de-France	15500 €	18500 €
Province	13000 €	15000 €
Nice	23000 €	25000 €
Marseille	19000 €	17000 €

Source province : Notaires de France – base de données PERVAL

En outre, il convient d'étudier attentivement la demande en fonction de la localisation du parking, car certaines places trouvent difficilement preneur. Plusieurs facteurs ont en effet concouru, ces dernières années, à restreindre la demande des ménages dans certaines zones : politiques de mobilité urbaine favorisant l'usage du transport en commun, diminution du taux d'équipement des ménages en voiture (passé sous les 40 % à Paris contre plus de 80 % en France), développement des stationnements partagés, etc. De même, depuis les années 1980, sur 10 appartements vendus, 8 l'ont été avec un parking. C'est pourquoi le marché des parkings vendus seuls a connu une hausse de prix relativement limitée entre 1998 et 2007 : en Île-de-France, cette hausse s'élève à 40 %, contre 142 % pour les appartements.

Investir dans la pierre avec une SCPI

Recourir à une société civile de placement immobilier (SCPI) permet de mutualiser ses investissements avec d'autres épargnants. Avec un ticket d'entrée compris entre quelques dizaines et quelques centaines d'euros, chacun apporte une part des fonds nécessaires à l'acquisition de biens immobiliers destinés à la location. Les investisseurs forment les associés de la SCPI. En cette qualité, ils perçoivent des dividendes provenant des loyers, sans compter la revalorisation potentielle de leurs parts (en fonction de la valeur prise par les actifs détenus par la SCPI).

L'« investissement-pierre » présente *a priori* de nombreux avantages. Les risques inhérents à tout investissement locatif (départ de locataires, impayés, etc.) sont ici mutualisés, puisque la SCPI détient plusieurs immeubles et contracte avec différents locataires. C'est elle aussi qui prend en charge la gestion du bien et la relation avec les locataires. Par ailleurs, l'acquéreur a accès au crédit immobilier et à différents dispositifs fiscaux liés à l'immobilier (Pinel, Malraux, etc.), ce qui ne serait pas le cas s'il réalisait un placement en bourse. Enfin, il peut diversifier ses investissements dans des biens immobiliers en principe peu accessibles du fait de leur nature ou de leur valeur (locaux commerciaux, bureaux, etc.).

Mais si l'investissement dans une SCPI offre une diversification intéressante et préserve des soucis de la gestion immobilière, il présente en contrepartie une faible liquidité : il peut en effet être difficile, voire impossible, de vendre ses parts pour récupérer sa mise dans les phases de crise, et cette opération requiert de toute façon du temps.

Quant à la rentabilité de ce placement, elle est aléatoire : de 4,4 % en moyenne en 2018[1], elle dépend en pratique du taux d'occupation des biens immobiliers et des frais de gestion et d'entretien des immeubles. Or, ces frais peuvent représenter près du tiers des loyers et recettes de la société, ce qui équivaut à peu près au coût de gestion en direct d'un logement locatif. Par ailleurs, certains analystes considèrent qu'il plane aujourd'hui sur le marché des bureaux – constituant la majorité des investissements des SCPI – la menace d'une bulle spéculative. À l'avenir, les rendements pourraient s'en trouver érodés.

Ehpad et résidences étudiantes : des marchés qui s'ouvrent

Si la rentabilité d'un placement immobilier peut être compromise par l'absence de demande relative au bien proposé, il est deux types de logements pour lesquels l'intérêt ne devrait pas faiblir : les Ehpad (Établissements d'hébergement pour personnes âgées dépendantes) et les résidences pour étudiants. Dans les deux cas, la demande devrait croître en raison de la démographie, alors que le manque de place est déjà criant et que le parc de logements privé n'offre pas toujours des prestations adaptées à la clientèle cible (accompagnement médical ou équipements spécifiques selon les cas).

Les départements où la demande est la plus importante

Comme pour tout investissement immobilier, l'emplacement de la chambre demeure un paramètre clé.

Si chaque région dispose de ses universités, classes préparatoires et écoles, certaines souffrent d'un déficit de logements d'étudiants plus accentué : Île-de-France, Occitanie, Hauts-de-France, région PACA, etc. De même, 10 départements concentrent près de 30 % des bénéficiaires de l'Allocation personnalisée d'autonomie (dont 39 % des bénéficiaires vivent en établissement) : Alpes-Maritimes, Bouches-du-Rhône, Haute-Garonne, Gironde, Hérault, Nord, Pas-de-Calais, Paris, Seine-Maritime et Var.

Par ailleurs, une fois la zone géographique ciblée, il reste à déterminer si le quartier dans lequel se situe l'immeuble est attractif, au regard de la clientèle attendue : proximité des transports en commun, centralité, etc.

Aussi la construction de nouveaux établissements est-elle largement financée par des particuliers, attirés par les nombreux atouts que vantent les sociétés de commercialisation. Outre des rendements annuels moyens de 4 à 5 % nets, la fiscalité apparaît très favorable. L'acquisition d'un logement neuf d'Ehpad ou de résidence étudiante offre le choix entre

1. ASPIM, communiqué de presse du 14 novembre 2018.

différents régimes (statut de loueur en meublé non professionnel, dit « LMNP », réduction d'impôt « Censi-Bouvard », déduction de la TVA, etc.).

Mais l'acquéreur doit avoir conscience des contraintes qu'implique ce projet. Elles tiennent essentiellement au fait que le recours à une société d'exploitation est obligatoire.

Cette société assure la gestion du bien, se charge de trouver un occupant et d'entretenir des relations avec celui-ci. La rémunération qui doit être versée à cette société d'exploitation, s'ajoutant aux charges déjà supportées par le propriétaire, obère nécessairement la rentabilité de l'investissement.

Par ailleurs, le propriétaire conclut avec cette société un bail commercial dont la durée est beaucoup plus longue que celle d'un bail d'habitation : 9 ans au moins, durant lesquels il faudra conserver et (si possible) louer le bien, durée dont le respect conditionne également le bénéfice de certains avantages fiscaux. Sur cette période, le propriétaire devra subir les risques d'une renégociation du loyer commercial.

Enfin, le propriétaire ne maîtrise pas la qualité de la gestion de l'établissement. Or, rien ne garantit que la société d'exploitation sera assez solide pour continuer à verser des loyers commerciaux en cas de vacance. Ce risque n'est pas totalement exclu si le bien est mal localisé (voir encadré ci-avant)... ou si le logement est trop sévèrement concurrencé par l'offre locative traditionnelle, du fait du montant des loyers pratiqués. C'est en particulier le cas dans les résidences étudiantes, dont les occupants sont moins dépendants des prestations et équipements proposés : à loyer égal, ils peuvent préférer opter pour la colocation et se loger dans un logement traditionnel plus grand (30 à 40 m^2) que dans un logement de taille inférieure dans une résidence collective privée (studio de 20 m^2).

Une fois la période de location achevée, le propriétaire n'en a pas nécessairement fini avec les soucis : un logement d'Ehpad ou de résidence étudiante peut être difficile à revendre. Même si certains professionnels de la gestion de patrimoine ont aujourd'hui organisé un marché secondaire afin de pallier cette difficulté, le prix du logement dépendra, pour l'essentiel, de la rentabilité escomptée par le nouvel acquéreur.

FICHE 15

Vaut-il mieux placer dans l'immobilier ou en bourse ?

Celui qui poursuit le rêve de devenir propriétaire ne se préoccupe pas toujours de la rentabilité d'un achat immobilier, ni des risques que comporte une telle acquisition. À la recherche d'un logement, le particulier s'interroge plutôt sur le moment le plus propice pour passer à l'acte, sur sa possibilité d'obtenir un crédit ou sur la localisation future de sa résidence... Même quand son objectif est de réaliser un investissement (notamment locatif), il ne maîtrise pas toujours les critères permettant d'évaluer l'intérêt de l'opération. Pourtant, bien mesurer l'opportunité d'une acquisition immobilière est important, car le bien est souvent appeler à constituer une part prépondérante du patrimoine.

Un arbitrage entre différents rendements et différents risques

Si les Français aiment investir dans la pierre, leur attachement n'est pas uniquement sentimental. Il se fonde aussi sur le constat que ce placement est financièrement attractif.

Le recours au crédit offre d'abord un effet de levier exceptionnel (voir fiche 9). Par le jeu de l'emprunt immobilier, l'investisseur est en mesure de réaliser un placement sur le capital, non qu'il a actuellement, mais sur celui qu'il aura constitué dans une quinzaine ou une vingtaine d'années (quand le prêt aura été remboursé). Il peut par exemple louer le logement acquis et, grâce au loyer perçu, rembourser tout ou partie des mensualités. Les autres types de placements ne bénéficient pas d'un tel effet de levier dans la mesure où ils ne peuvent, en principe, être réalisés à l'aide d'un prêt.

L'immobilier est également perçu comme un élément de sécurisation du patrimoine. De fait, il présente actuellement un bon niveau de rentabilité. Sous l'effet de plusieurs facteurs, au premier rang desquels le très faible niveau des taux d'intérêt (voir fiches 7 à 9), les prix de la pierre ont beaucoup plus que doublé depuis 2000 dans les centres urbains. Au contraire, les marchés financiers, dont la volatilité effraie souvent les particuliers, se sont globalement montrés peu rémunérateurs sur les quinze dernières années.

Placements financiers : des taux de rentabilité très variables

Les taux sont extrêmement variables d'un placement financier à l'autre : le Livret A, sans risque et exempt de fiscalité, rapporte 0,75 % par an, tandis que les taux de rentabilité des assurances-vie varient de 1,5 à 3 % avant prélèvement sociaux. Quant aux placements boursiers, s'ils laissent parfois espérer des taux à deux chiffres, ils peuvent aussi générer des pertes considérables. Ainsi le CAC 40 était-il tombé à 2800 points en janvier 2003, remonté à 5600 points en janvier 2007, puis redescendu à 2500 points en janvier 2009, avant de se rétablir à 3800 points fin 2010, et de dépasser les 5000 points au cours de l'année 2018.

Le résultat de la comparaison entre les différents taux de rentabilité varie également en fonction des cycles économiques. Si les prix immobiliers connaissent aujourd'hui des niveaux record, il n'en a pas toujours été ainsi : les années 1992 à 1998 ont été marquées par la stagnation des valeurs immobilières… et l'envolée des valeurs mobilières. Or, rien ne permet de prédire avec certitude que les prix de l'immobilier vont continuer à augmenter de manière durable (voir fiche 10). Si l'on souhaite limiter les risques, l'attitude la plus sage semble finalement de diversifier son panier de placements.

Vaut-il mieux acheter ou louer son logement ?

Les enjeux de l'arbitrage ne sont pas les mêmes suivant que l'acquéreur désire se procurer un toit ou simplement réaliser un investissement.

Celui qui cherche à se loger a le choix entre deux stratégies : accéder à la propriété ou demeurer locataire. Sous le seul angle financier, ce choix impose de prendre en compte les coûts afférant à chaque option.

Dans le cas d'une acquisition immobilière, il faut compter, outre le prix du bien, les frais liés à l'emprunt généralement nécessaire (taux d'intérêt, frais de dossier, etc.) et des frais fixes importants (frais dits « de notaire », frais d'agence, intérêts d'emprunt). Variables selon la durée du prêt, la valeur du bien et l'apport personnel de l'acquéreur, ces frais fixes devront être amortis avant toute revente. Une fois propriétaire, l'acquéreur devra aussi acquitter les impôts afférant à la détention immobilière (taxe foncière) et engager des dépenses pour les travaux éventuellement nécessaires et, à court ou moyen terme, les inévitables réparations.

Comparaison des dépenses de logement des propriétaires et des locataires

Selon l'Insee[1], en 2013, un ménage locataire a dépensé en moyenne 107 € annuels par mètre carré habitable (en tenant compte des aides au logement). La dépense était de 128 € par m² pour un ménage accédant à la propriété, c'est-à-dire n'ayant pas terminé de rembourser son emprunt immobilier, mais de 37 € par mètre carré pour les ménages ayant fini de payer leur emprunt immobilier.
Dans les grandes unités urbaines, toutefois, ces dépenses sont plus élevées. À Paris, la dépense de logement d'un accédant à la propriété atteint 217 € par mètre carré, eu égard aux prix élevés de l'immobilier. En outre, l'acquisition se fait généralement au sein d'une copropriété, ce qui implique le paiement des charges afférentes.

C'est pourquoi celui qui accède à la propriété voit en principe augmenter sa dépense de logement au cours des cinq années, au moins, suivant son acquisition, alors même qu'il a déjà dû puiser dans son épargne pour constituer son apport personnel. Certes, cet alourdissement temporaire de la charge de logement du propriétaire (20 % en moyenne) peut apparaître

1. Les conditions de logements en France, Insee Références, édition 2017.

supportable, car elle équivaut à peu près à l'épargne moyenne des Français (entre 15 et 20 % de leur revenu). Mais si le particulier reste locataire, ses dépenses de logement seront beaucoup plus limitées : elles se composeront, pour l'essentiel, du montant de son loyer et des charges locatives. Le locataire conserve, en outre, la possibilité d'utiliser son épargne pour réaliser des placements financiers... en théorie. Car, en réalité, très nombreux sont ceux qui ne prennent pas soin d'investir leur épargne de manière prudentielle et capitalisée sur moyen ou long terme. Aussi l'accession à la propriété – qui oblige à épargner chaque mois la partie de ses revenus destinée au remboursement du crédit immobilier – constitue-t-elle, en quelque sorte, une démarche d'épargne forcée, un choix en faveur du long terme au détriment de la consommation directe ou des loisirs.

L'investissement immobilier, des contraintes spécifiques

Lorsque le but de l'acquéreur est de réaliser un investissement locatif, l'opportunité de l'opération doit être réfléchie plus objectivement encore car, alors, les risques financiers ne sont plus compensés par des satisfactions psychologiques ou affectives.

La rentabilité d'un investissement locatif exige par essence que le propriétaire parvienne à louer le bien au prix souhaité et sans délai. Il doit donc veiller à acquérir un bien présentant des qualités (emplacement, état, proximité des écoles et des commerces, etc.) correspondant à la demande. Même alors, le risque de non-paiement des loyers n'est jamais exclu. Ce risque peut certes faire l'objet d'une assurance spécifique (assurance « loyer impayé »), mais cela signifie qu'il faudra en imputer le coût sur le rendement du placement.

D'autres charges encore vont venir en déduction des revenus générés par la location : taxe foncière, charges non récupérables sur le locataire, frais de gestion du loyer et, éventuellement, frais liés aux travaux courants. Il est donc important de bien différencier la rentabilité brute et la rentabilité nette de charges du logement que l'on souhaite mettre en location.

Quelle différence entre rentabilité brute et rentabilité nette ?

La rentabilité brute se calcule en divisant le loyer annuel (loyer mensuel × 12) par le prix d'acquisition du logement, et en multipliant le résultat par 100. Si l'on enlève à ce résultat les charges précédemment évoquées, on obtient la rentabilité nette.

Enfin, il convient de tenir compte de la fiscalité applicable non seulement aux revenus locatifs (micro-foncier ou frais réels, hors régimes fiscaux spécifiques), mais également à la plus-value réalisée à l'occasion de la revente d'une résidence secondaire. Plusieurs réformes ont récemment modifié ce contexte fiscal : transformation de l'Impôt sur la fortune en Impôt sur la fortune immobilière (ce qui concentre l'imposition sur les propriétaires immobiliers), disparition progressive de la taxe d'habitation (qui accentue le poids de la taxe foncière acquittée, là encore par les propriétaires, dans la fiscalité des collectivités locales), etc. Si bien que la rentabilité de l'investissement locatif s'en trouve affectée.

Dans tous les cas, il convient donc de comparer, sur une durée donnée, la performance d'un placement financier à celle d'un investissement immobilier, en intégrant l'ensemble des paramètres :

- pour l'achat : prix au mètre carré, taux d'intérêt de l'emprunt, taxe foncière ;
- pour la location : montant des loyers et rendement de l'argent placé qui aurait été consacré à l'apport personnel en cas d'achat, mais aussi épargne constituée par la différence entre le remboursement de l'emprunt demandé à l'acquéreur et le loyer supporté par un locataire.

Il faut également apprécier la valorisation possible de l'investissement choisi, et c'est sans doute là que les inconnues sont les plus nombreuses, comme le laisse percevoir le graphique ci-dessous :

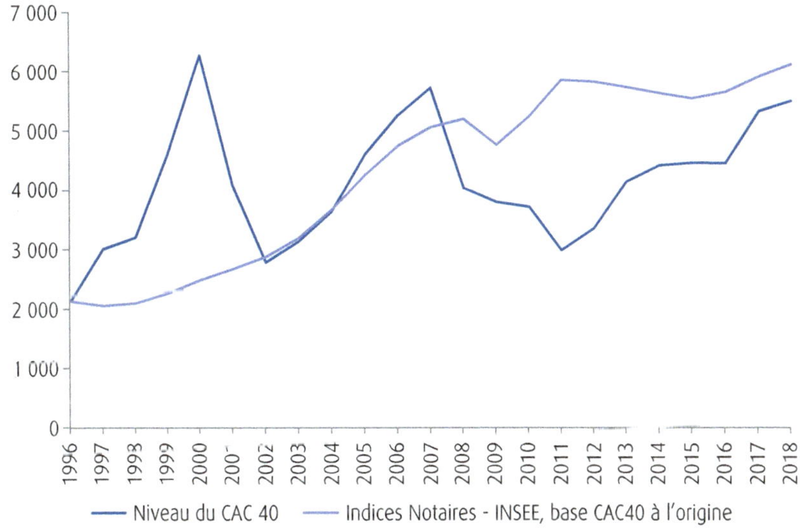

FIGURE 15.1. ÉVOLUTION COMPARÉE DU PRIX DES LOGEMENTS ANCIENS EN ÎLE-DE-FRANCE ET DU CAC 40 (DONNÉES À LA FIN DU 3E TRIMESTRE DE CHAQUE ANNÉE)

Si l'ampleur de la valorisation des logements et des actions est du même ordre de grandeur sur les deux décennies écoulées, les accidents de parcours sont nombreux : de ce fait, le placement qui est apparu le plus rentable pendant une période donnée peut, ultérieurement, s'avérer beaucoup moins attrayant.

Ajoutons à cela qu'il existe de grandes différences entre les logements offerts à la vente (qualité du bien, localisation...), mais aussi une grande variété de placements financiers. Par conséquent, les moyennes ici présentées recouvrent des performances très diverses pour l'immobilier comme pour les produits financiers.

Peut-on approcher le juste prix d'un bien ?

Si l'emplacement du logement influe très fortement sur la détermination du prix de vente (fiche 16), cet élément n'est pas le seul : nombre de pièces, étage, équipement, type de chauffage... beaucoup d'autres critères concourent à la valorisation du bien (fiche 17) tandis que, pour les biens atypiques (souplex, chambres de bonne, etc.), ce sont des critères spécifiques qu'il convient de prendre en compte (fiche 18). Doivent donc être dissipées, s'agissant de la valorisation des biens immobiliers, les idées reçues : « Les petits logements sont proportionnellement plus chers que les grands logements », « Plus un logement est ancien, moins il est cher », « Un appartement situé au rez-de-chaussée est moins cher », etc. (fiche 19). Une autre manière d'aborder la question des prix de l'immobilier peut être de vérifier quel type de bien il est possible d'acquérir à partir d'un budget donné (fiche 20).

Pour ne pas se tromper, ni en ce qui concerne le « juste prix » d'une maison ou d'un appartement, ni en ce qui concerne les démarches à accomplir pour mener valablement le processus d'acquisition, le mieux est encore de s'informer. Information liée à la signature d'un avant-contrat de vente, information sur les indices immobiliers, voire expertise... plusieurs outils permettent de se faire une idée précise des éléments essentiels de la vente immobilière (fiche 21). Les bases notariales immobilières, en particulier, offrent une vision très précise des évolutions de prix au niveau local et au niveau national (fiche 22), tandis que l'émergence des technologies numériques contribue à une plus grande transparence du marché immobilier au travers de la diffusion des offres immobilières sur Internet, de l'apparition de nouveaux services d'aide à la recherche de logements, etc. (fiche 23). Toutefois, l'accompagnement directement procuré par les professionnels du secteur immobilier constitue un secours irremplaçable : agent immobilier, notaire, mandataire (fiche 24) ou promoteur immobilier (fiche 25), tous ont pour mission de guider le particulier dans les différents aspects de son parcours d'acquisition.

Trouver le bon prix

FICHE
16

3 règles pour investir : l'emplacement, l'emplacement, l'emplacement !

Les chiffres de l'immobilier relayés par les médias font parfois croire que les mêmes évolutions sont perceptibles partout en France. En réalité, les écarts de prix se sont creusés entre les territoires depuis 20 ans, ce qui confirme que le principal critère de valorisation d'un bien tient à son emplacement. Sa situation géographique est bien sûr déterminante. Mais l'agrément du voisinage, l'accès à différents services et commodités (écoles, espaces verts, commerces, etc.) ou le dynamisme de l'emploi importent également. Si bien que le prix d'un logement peut varier en fonction du département, de la commune, voire du quartier ou de la rue où il se situe...

Le prix du mètre carré, un indicateur du dynamisme des territoires et des villes

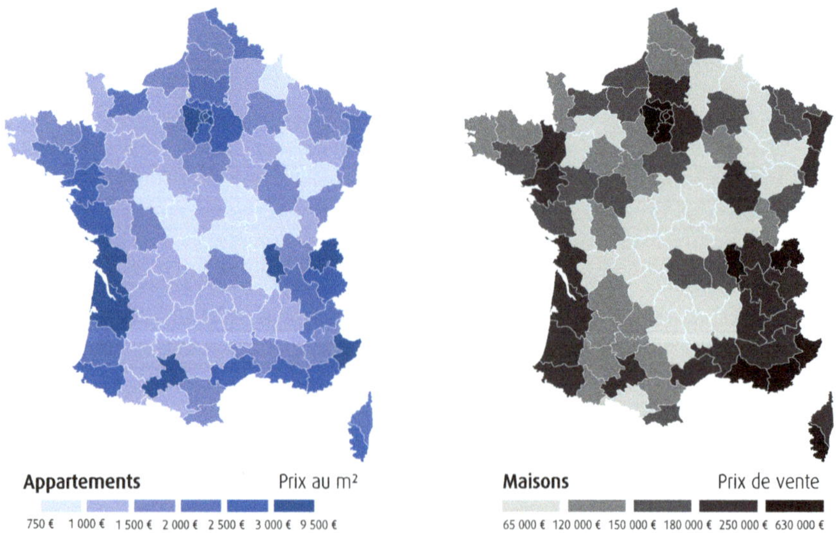

Source : Notaires de France – bases de données PERVAL et BIEN

FIGURE 16.1. PRIX DES LOGEMENTS ANCIENS AU 3e TRIMESTRE 2018
(prix médians pour la province, valorisation des indices Notaires-Insee pour l'Île-de-France)

D'un département à l'autre, les prix au mètre carré des biens immobiliers mis en vente peuvent se situer à des niveaux très disparates. Ils atteignaient ainsi pour les appartements, au 3e trimestre 2018, 750 € dans la Nièvre... mais 9 500 € à Paris. D'importants écarts peuvent aussi être constatés dans les prix de vente des maisons : de 65 000 € dans la Creuse ou le Cantal à plus de 620 000 € dans les Hauts-de-Seine pour des biens représentatifs des marchés locaux. Ces variations confirment que l'emplacement constitue le principal critère de valorisation d'un bien.

Les prix immobiliers sont particulièrement affectés par le dynamisme économique du secteur géographique dans lequel se situe le bien et par l'évolution, sur ce point, des disparités territoriales. Si certaines zones garantissent une relative stabilité à moyen terme (centre des grandes métropoles, quartiers résidentiels des grandes villes, etc.), d'autres, plus sensibles aux mutations économiques et aux retournements de conjoncture, peuvent voir la valeur des biens s'éroder de manière marquée.

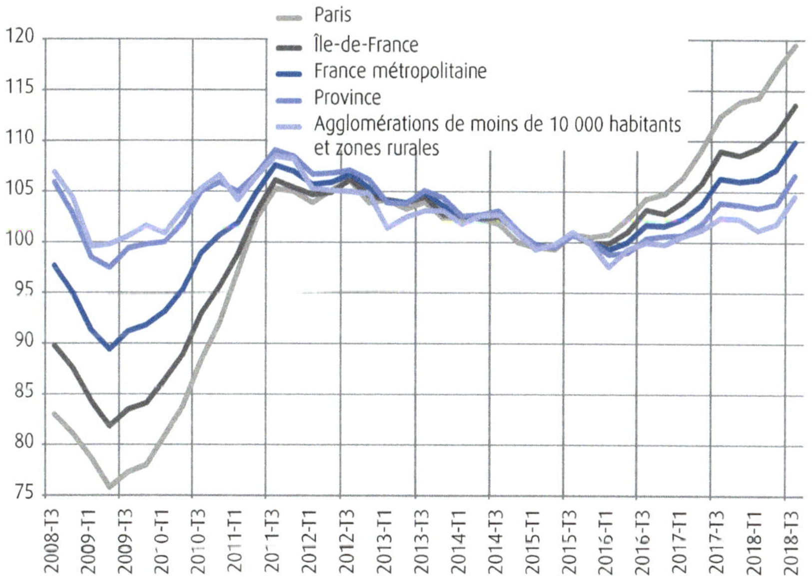

Source : Indices Notaires – INSEE – base 100 année 2015

FIGURE 16.2. ÉVOLUTION DES PRIX DES APPARTEMENTS ANCIENS SUR 10 ANS

Globalement, l'Île-de-France et certains secteurs urbains ou touristiques (Rhône, Alpes-Maritimes, Haute-Savoie, Côte-d'Azur, Corse-du-Sud, métropoles de province dynamiques, etc.) se distinguent par leur attractivité... et donc par leurs prix élevés. De même, certaines villes ou secteurs dynamiques du territoire, notamment à l'Ouest et au Sud, ont vu leurs valeurs progresser davantage que la moyenne nationale.

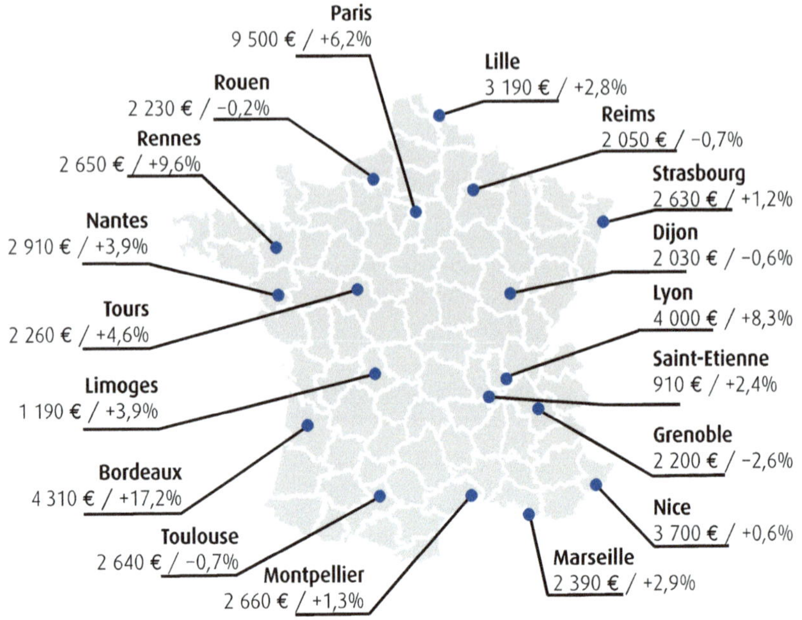

FIGURE 16.3. PRIX AU MÈTRE CARRÉ MÉDIAN DES APPARTEMENTS ANCIENS DANS LES GRANDES VILLES FRANÇAISES

Dans l'Est, le Centre, le Nord et le long de la « diagonale du vide » (de la Meuse aux Landes), où la densité de population est souvent faible, les prix ont progressé, mais sont restés à des niveaux accessibles à la majorité des Français. Dans de nombreux départements, il demeure donc possible d'acquérir une maison familiale pour un prix de vente inférieur à 150 000 €, voire 100 000 € dans 8 départements, dont la Meuse, la Corrèze ou le Cher.

Au sein d'un département ou d'une ville, des écarts de prix parfois importants

Des différences de niveau de prix et de variation peuvent également être observées à une échelle plus fine. C'est ainsi que les marchés immobiliers de certaines métropoles dynamiques de province ont continué leur progression depuis 2011, dans un contexte pourtant plutôt baissier au niveau national.

Par exemple, à Lyon, les prix des appartements ont crû de plus de 9 % entre 2017 et 2018. Ils s'inscrivent désormais parmi les plus élevés de France, avec Paris et Bordeaux (qui ont atteint des niveaux record en 2018). À Bordeaux justement, les prix, partant d'un niveau relativement bas, n'ont cessé de grimper ces dernières années : elle est devenue la deuxième ville la plus chère de France avec un prix médian de 4 310 € en 2018... soit une hausse de 18,6 % sur un an ! Le prix médian du quartier « Hôte de Ville – Quinconces » atteint même 5 410 €/m² au 2e trimestre 2018, les transactions les plus chères dépassant allégrement les 6 300 €/m².

À l'inverse, à Saint-Etienne, qui a fortement souffert du déclin de son tissu industriel, le prix au mètre carré d'un appartement est environ 10 fois moins élevé qu'à Paris (910 €/m² en 2018). De même, Châteauroux, Forbach ou Nevers se distinguent avec des prix au mètre carré de 830 € pour la première et 750 € pour les deux autres au 3e trimestre 2018.[1]

Ces différences de niveau de prix entre villes ou, surtout, entre quartiers d'une même ville, sont bien sûr à relier au niveau du revenu des habitants et à la fragmentation sociale que connaissent toutes les métropoles. Ce processus est particulièrement marqué en Île-de-France, comme l'illustre l'encadré ci-dessous.

Île-de-France : des écarts de prix considérables d'un département à l'autre, d'une ville à l'autre... et d'un arrondissement à l'autre

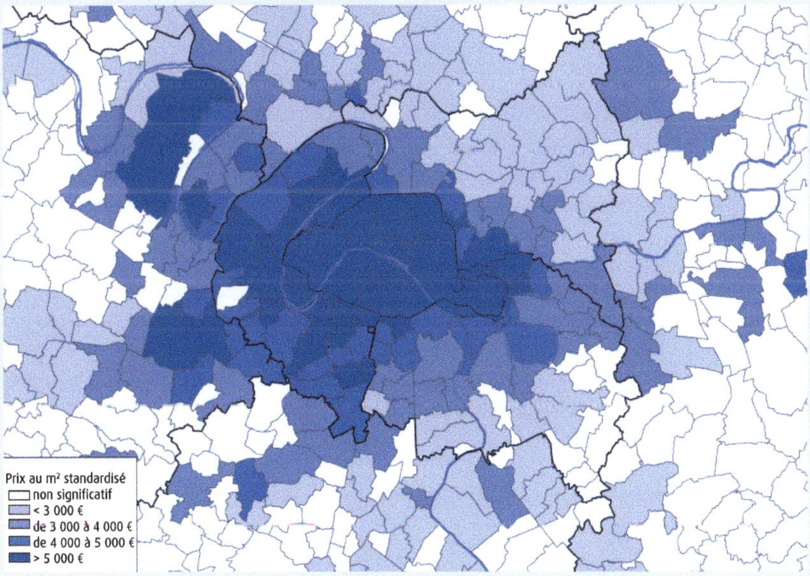

FIGURE 16.4. PRIX AU MÈTRE CARRÉ STANDARDISÉ AU 3E TRIMESTRE 2018 (ÎLE-DE-FRANCE)

1. Pour des appartements. Source : www.barometre.immobilier.notaires.fr/

L'existence de marchés locaux trouve également une illustration en Île-de-France, reflétant bien souvent des disparités économiques et sociales. Ainsi, l'attrait de Paris, son image prestigieuse, son bassin d'emploi et son exceptionnel niveau d'équipement se traduisent par un niveau de prix plus élevés. Cette valorisation profite aussi à l'ouest de la capitale, où sont localisés de nombreux emplois tertiaires.
Au 3e trimestre 2018, à Paris et dans le reste de la région, la différence de prix au mètre carré des appartements anciens est notable : le ratio atteint 3,6 entre, d'une part Paris (9 500 €/m²), et d'autre part les zones plus abordables (Seine-et-Marne et Essonne, 2 640 €/m²).

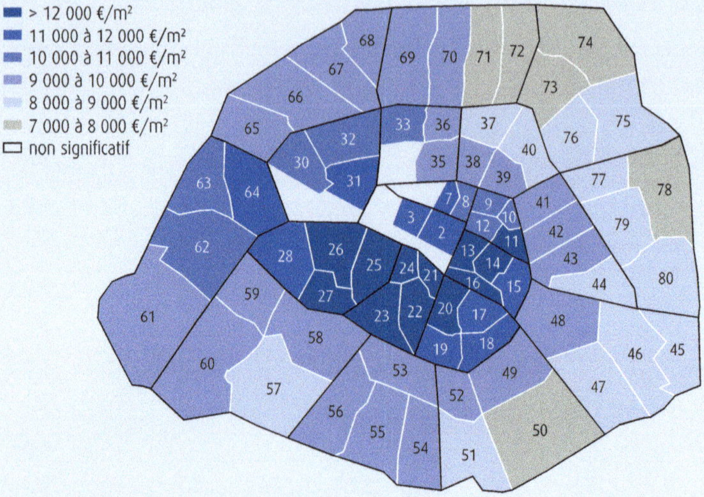

FIGURE 16.5. PRIX AU MÈTRE CARRÉ STANDARDISÉ AU 3E TRIMESTRE 2018 (PARIS)

Ces écarts se retrouvent d'une commune à l'autre. Dans les Hauts-de-Seine, 12 communes sur 35 enregistraient au 3e trimestre 2018 un prix au m² dépassant 6 000 € pour les appartements, certaines atteignant même les prix parisiens (9 850 €/m² à Neuilly-sur-Seine, 8 820 €/m² à Levallois-Perret, 8 290 €/m² à Boulogne-Billancourt). À l'inverse, à Clichy-sous-Bois (Seine-Saint-Denis), où le revenu disponible par ménage est l'un des plus faibles de la région, le prix au mètre carré dépasse à peine 1 500 €.
Au sein même de la ville de Paris, le prix au mètre carré varie fortement entre les différents arrondissements. Au 3e trimestre 2018, les arrondissements les plus onéreux sont tous situés au cœur de la capitale. C'est dans le 6e arrondissement que les prix sont les plus élevés (13 010 €/m² pour un appartement ancien). Mais une analyse plus fine montre que ce sont les quartiers situés dans les 4e, 6e et 7e arrondissements, notamment le long de la Seine, qui atteignent les plus hautes valeurs. Les cinq arrondissements les plus abordables sont au contraire localisés en périphérie est de Paris, tandis que les arrondissements à prix intermédiaires se trouvent dans la moitié ouest.

FICHE 17

Les autres éléments de valorisation d'un bien

Outre la localisation géographique, de nombreux éléments peuvent avoir une influence sur le prix. Certains relèvent du fameux « coup de cœur » et sont donc largement subjectifs : difficilement mesurables, ils peuvent limiter la précision des estimations relatives à l'influence des différents éléments de valorisation sur le prix. Mais d'autres sont plus objectifs, même s'il est difficile d'en déterminer l'importance relative. L'expérience du service d'expertise de Paris Notaires Services permet toutefois de dresser une liste indicative des principaux critères qui, en plus du prix au mètre carré, contribuent à fixer la valeur d'un logement.

- **Un environnement agréable** (rue peu passante, absence de nuisances, vue sur un monument ou un parc) et la présence de services à proximité (équipements publics, transports en communs, commerces, etc.) sont des facteurs valorisants. Pour les jeunes ménages, l'école joue souvent un rôle déterminant dans le choix du logement, et sa réputation est donc un facteur de valorisation.

- **L'état général, la qualité et la date de la construction** doivent également être pris en compte. Un logement récent ou « refait à neuf » sera très prisé des acquéreurs. L'aspect extérieur du bâtiment, tout comme son standing, constituent d'autres éléments de valorisation : un immeuble en pierre de taille est, en principe, plus coté qu'un immeuble ouvrier en briques. Il faut enfin compter avec la qualité des parties communes et la présence d'équipements collectifs (piscine, buanderie, etc.).

- **Le nombre de pièces et la distribution :** un appartement de 100 m² se vendra plus cher s'il dispose de 4 pièces principales et de 2 salles d'eau que s'il ne comporte que 3 pièces principales et 1 salle d'eau. Il en sera de même si l'espace est optimisé, s'il dispose de hauts volumes donnant une sensation d'espace ou permettant l'installation d'une mezzanine.

- **L'étage et la présence d'un ascenseur :** un appartement situé en rez-de-chaussée côté rue, ou à un étage élevé sans ascenseur, subit généralement une décote importante par rapport à un appartement identique situé au 1er étage. En revanche, un appartement en étage élevé avec ascenseur et doté d'une vue imprenable est, notamment à Paris, extrêmement valorisé.

- **Le confort et les équipements :** la présence d'une cuisine équipée, l'utilisation de matériaux nobles, les finitions et le niveau des prestations constituent des éléments de valorisation. Inversement, des nuisances (bruit de circulation important, par exemple) peuvent occasionner des décotes allant de 10 à 20 % du prix.

- **Le type de chauffage** – collectif ou individuel, par radiateur ou par le sol, etc. – peut avoir une incidence sur le prix. Il influe en effet sur le montant des charges qu'aura à acquitter le futur propriétaire, surtout en copropriété.
- **La présence d'annexes,** non comptabilisées au sein des copropriétés dans les mètres carrés dits « loi Carrez » (caves, box, combles, etc.), celle d'un parking ou d'espaces extérieurs utiles (balcons, terrasses et jardins), peuvent faire grimper le prix. C'est particulièrement vrai dans les grandes villes, un effet de rareté étant alors susceptible de jouer. Ainsi la présence d'un jardin dans une agglomération où les espaces verts sont rares est-elle particulièrement valorisée.

Et demain, les nouvelles technologies constitueront-elles un élément de valorisation d'un logement ?

Nos logements s'équipent progressivement de nouvelles technologies, notamment numériques. Dans le neuf, certains promoteurs proposent désormais une offre de logements et d'immeubles connectés, comme l'explique Jean-Philippe Ruggieri, Directeur général délégué de Nexity. Améliorant le confort d'un logement, ces équipements sont évidemment susceptibles de contribuer à sa valorisation.

Les promoteurs immobiliers tiennent-ils compte de l'évolution des technologies pour équiper les biens qu'ils commercialisent ?

Si l'ensemble des promoteurs n'a pas encore fait évoluer son offre pour y intégrer des innovations technologiques, quelques promoteurs comme Nexity proposent désormais une offre de logements et d'immeubles connectés. On parle de « logement connecté » ou d'« immeuble connecté » lorsque le bien est équipé d'objets ou de services connectés. Les objets connectés permettent aux occupants des logements ou au gestionnaire de l'immeuble d'être alertés en temps réel sur l'état de leur bien et de réagir à distance. Les services connectés vont ainsi faciliter l'accès aux services existants ou nouveaux, proposés au sein des parties privatives ou communes. Ces nouvelles offres sont avant tout une adaptation aux nouveaux usages et besoins des clients.

Acquérir un appartement ou une maison connectés représente-t-il un réel progrès pour l'acquéreur d'un logement, compte tenu du coût de production du bien ?

Les logements connectés donnent accès à de nouveaux services utiles au quotidien et faciles à utiliser sur smartphone ou sur tablette. Les avantages d'un logement connecté peuvent être regroupés en quatre familles : confort, simplicité, sécurité et économie d'énergie.

- Confort, car grâce aux objets connectés, l'occupant d'un logement connecté peut améliorer son confort au sein de son logement, par exemple en disposant toujours d'une température intérieure optimale.
- Simplicité, parce que les logements connectés facilitent l'accès à l'état du bien en temps réel et sont pensés pour être simples d'utilisation. Ils démocratisent ainsi l'accès aux nouvelles technologies. Des scénarios permettent de synchroniser facilement des actions sur les équipements (éclairage, chauffage, sécurité, volets roulants), depuis son domicile ou à distance.

- Sécurité, un besoin souvent attendu des acquéreurs d'un logement neuf. Les systèmes d'alerte en temps réel et à distance, notamment, y concourent. Être alerté d'une intrusion, pouvoir simuler de la présence en cas d'absence ou connaître la qualité de l'air intérieur sont autant de fonctionnalités rendues désormais accessibles.
- Économie d'énergie, enfin, parce que les logements connectés permettent une réduction sensible des factures énergétiques. La mise en « veille » de son logement lorsque celui-ci est inoccupé ou l'identification des différents postes de consommation énergétique, par exemple, rendent possibles des économies d'énergie pouvant atteindre 20 à 40 %, rien que pour la facture de chauffage.

Les immeubles connectés sont-ils accessibles à toutes les bourses ?

Longtemps réservés aux clients les plus aisés, les logements connectés se sont désormais démocratisés. Les nouvelles technologies nécessaires aux fonctionnalités évoquées sont devenues matures, ce qui réduit les coûts d'acquisition et de mise en service. Le coût d'un logement connecté débute ainsi aux environs de 0,5 % du prix de vente du bien.

FICHE
18

Le marché des biens atypiques… est-il atypique ?

Les logements dits « atypiques » présentent un point commun : ils ne répondent pas aux critères « standard » de valorisation en matière immobilière (voir fiche 16). Mais en réalité, ce marché se caractérise par son extrême hétérogénéité. Lofts, souplex, péniches, maisons d'architectes, surfaces brutes, etc. Il est impossible de donner une liste exhaustive des logements compris dans cette catégorie car, précisément, les amateurs sont en quête de rareté. Les données des bases notariales permettent toutefois d'illustrer les spécificités des biens atypiques au travers de trois exemples.

Le haut de gamme, des caractéristiques spécifiques

On considère généralement qu'un bien est « haut de gamme » si, situé dans un secteur privilégié (rue, quartier, etc.), il offre des prestations de qualité (parquet, marbre, mobilier de cuisine, etc.) et des atouts rares (beaux volumes, vue exceptionnelle, toit-terrasse, etc.). Toutefois, cette définition restant difficile à exploiter, ce marché est souvent défini en termes de prix.

3 millions et plus (€) 0,6 % des ventes	175
2 millions et plus (€) 1,9 % des ventes	563
1 millions et plus (€) 11,2 % des ventes	3 280

Source base BIEN - Notaires de Paris - Île-de-France

FIGURE 18.1. NOMBRE DE TRANSACTIONS À PARIS (2018)

À Paris, par exemple, certains professionnels considèrent que le haut de gamme démarre aux alentours d'un million d'euros. Ce seuil symbolique offre l'avantage de souligner le caractère limité de la catégorie, qui ne comprend que 11,2 % environ des transactions réalisées dans la capitale en 2018.

« Les biens les plus chers au mètre carré ne sont pas toujours ceux présentant les qualités du haut de gamme (vue, prestations, etc.).

Ainsi, à Paris, la carte ci-après illustre que les logements qui se sont vendus à plus de 12 500 €/m² (10 % des transactions en 2018) sont aussi bien des appartements de 525 m² dans le 16ᵉ arrondissement que… des studios de 9 m² dans le 2ᵉ !

Quels sont les arrondissements de Paris où se situent les biens les plus chers ?

Alors que, en 1991, les biens les plus chers étaient majoritairement situés dans l'ouest de la capitale (15e et 16e arrondissements), ils se trouvent aujourd'hui dans les arrondissements centraux.

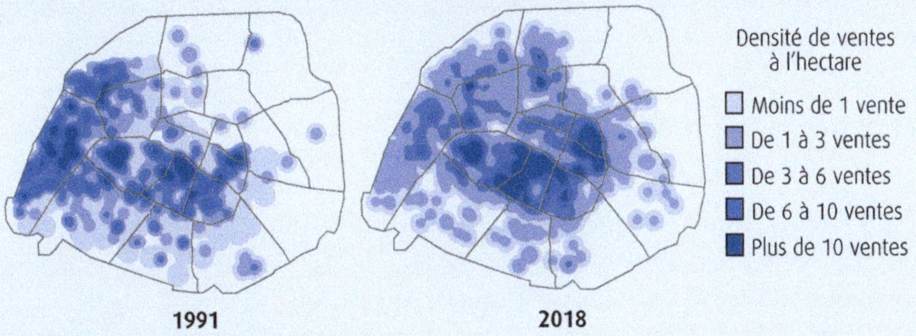

FIGURE 18.2. RÉPARTITION DES 10 % DES VENTES LES PLUS CHÈRES AU MÈTRE CARRÉ

Le souplex : un bien d'exception (pas vraiment) bon marché

Atypique s'il en est, le souplex est un logement situé en rez-de-chaussée, auquel on a ajouté un sous-sol. Souvent bien moins onéreux qu'un appartement classique de même surface, il peut offrir une solution face aux prix élevés et au manque de logements dans les grandes villes.

Néanmoins, avant d'en envisager l'achat, il est primordial de bien s'informer. L'aménagement de cette surface peut entraîner des travaux coûteux, notamment en ce qui concerne le traitement des problèmes d'humidité. Un soin particulier doit également être apporté aux travaux qui permettront de rendre ces pièces agréables et de compenser l'absence de lumière naturelle.

Dans le cas où l'on envisage une extension de la surface de plancher ou de l'emprise au sol, il faut également veiller à respecter les règles exigeant une déclaration en mairie ou l'obtention d'un permis de construire, voire l'autorisation de la copropriété. Les travaux doivent être effectués dans les règles de l'art et dans le respect des normes de construction en vigueur, et il est souvent nécessaire de souscrire une assurance dommages ouvrage (sur toutes ces questions, voir fiche 38 relative aux travaux de rénovation).

Si l'acquisition d'un souplex correspond à un investissement locatif, il faut aussi avoir conscience que les travaux entrepris, quelle que soit leur ampleur, ne permettront pas toujours de considérer le local comme « habitable ». En effet, un décret du 30 janvier 2002 relatif aux caractéristiques du logement décent précise que les caves, sous-sols, combles et pièces dépourvues d'ouverture sur l'extérieur, ne peuvent être mis à disposition à des fins d'habitation, que ce soit à titre gratuit ou onéreux. Il est donc préférable d'utiliser le sous-sol pour des pièces secondaires telles que salle de jeux, pièce d'eau ou encore buanderie.

Enfin, dans la perspective de la revente, il convient de veiller à ce que l'économie réalisée lors de l'acquisition du souplex ne soit pas entièrement absorbée par le budget consacré à sa réhabilitation... Car, même rénovée, une surface en souplex n'atteindra jamais le prix au mètre carré d'un rez-de-chaussée. Mal préparé, l'investissement risque donc, au final, de se solder par une moins-value.

Réunir plusieurs chambres de service pour en faire un grand appartement ?

Le marché des « chambres de service » (aussi appelées « chambres de bonne ») est un marché spécifiquement parisien. La capitale française comporte de nombreux immeubles bourgeois qui, construits entre 1830 et 1914, offrent aux derniers étages (en majorité les 5e et 6e étages) des espaces autrefois réservés au logement de la domesticité et desservis par des escaliers séparés dits « de service ».

Les ventes de ces chambres sont plus particulièrement regroupées dans certaines zones. Les trois quarts se réalisent à Paris, en particulier dans des arrondissements de l'ouest parisien : les 5e, 6e, 7e, 8e, 9e, 15e, 16e et 17e. Ces arrondissements concentrent 78 % des chambres de service à Paris, et le 16e presque un tiers.[1] Le département des Hauts-de-Seine se distingue également, qui enregistre 10 % des transactions franciliennes (dont une sur trois à Neuilly-sur-Seine).

Toutefois, depuis l'entrée en vigueur du décret de 2002 évoqué plus haut, ce marché s'est considérablement réduit. En effet, il n'est plus possible de louer à titre de résidence principale une chambre dépourvue des caractéristiques de la décence (surface habitable au moins égale à 9 m², arrivée d'eau potable, etc.). Or, nombreuses sont les chambres de service qui ne correspondent pas à ces critères puisque, sur les 114 400 chambres de service que comptait la capitale en 2013, la majorité n'atteignait pas la surface de 9 m². De fait, seules 15 % des chambres de service sont habitées comme résidence principale, majoritairement par des étudiants ou des salariés aux ressources modestes.[2]

1. APUR, note n° 94, novembre 2015.
2. *Ibid.*

RÉPARTITION DES CH NCTION DE LA SURFACE, AU 1ER JANVIER 2013[1]

Surface de la chambre	Nombre de chambres de service	%
De 5 à 8 m²	58 300	51 %
De 9 à 14 m²	48 100	42 %
De 15 à 19 m²	5 800	5 %
De 20 à 25 m²	1 600	1 %
Plus de 26 m²	650	1 %
Total	114 400	100 %

Il reste toutefois possible d'utiliser ces pièces en appoint du logement principal (comme bureau, espace de rangement, etc.) ou de les réunir pour former un appartement de bonne taille dans le respect, bien sûr, des règles applicables :

- règles d'urbanisme qui impliquent de réaliser une déclaration de travaux ou de demander un permis de construire si la surface de plancher ou d'emprise au sol est étendue (voir fiche 37) ;
- normes d'habitabilité et de construction qui nécessitent, en particulier, de réaliser les travaux dans les règles de l'art et de contracter, si besoin, une assurance dommages ouvrage ;
- demandes d'autorisation en vertu des règles de copropriété ou de lotissement.

En 2018, le nombre de ventes de chambres de service a fortement diminué et n'a représenté que 2 000 transactions environ.

En revanche, les prix de ce marché restreint ont fortement évolué en 20 ans : ils ont été multipliés par 4,6 (contre 4,3 pour les studios et 4 pour l'ensemble des appartements anciens). L'écart entre les prix de vente s'est creusé entre le marché parisien (prix médian de 82 000 € à Paris en 2018) et celui des Hauts-de-Seine (60 000 €), seul autre département connaissant à ce titre une activité significative. Le secteur des 4e, 5e et 6e arrondissements reste le plus onéreux, avec un prix dépassant 100 000 € pour une chambre de service.

1. *Ibid.*

FICHE 19

5 idées reçues sur les prix immobiliers

« Les petits logements coûtent davantage, au mètre carré, que les grands », « Habiter près d'une gare, c'est un inconvénient pour la vente », « Une maison écologique se vend mieux »… nombreux sont les clichés que véhicule l'immobilier. Idées reçues ou réalité, les données recensées par les bases notariales sur la base des transactions conclues permettent d'établir les véritables préférences des acquéreurs.

Les petits logements sont proportionnellement plus chers que les grands logements

Vrai et faux. S'il est courant de penser que le prix au mètre carré d'un logement décroît au fur et à mesure que sa taille augmente, cette affirmation doit être tempérée en fonction du type de logement en cause.

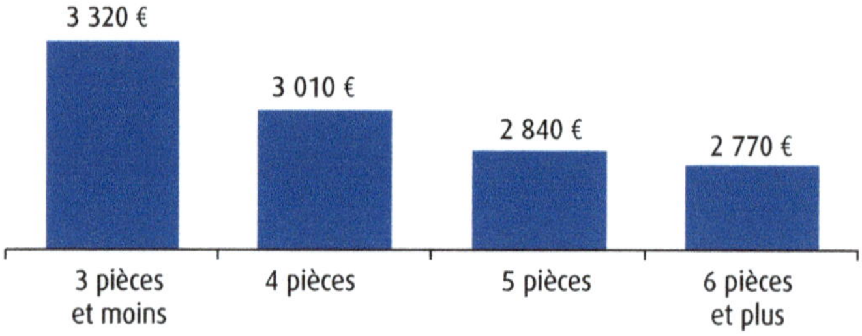

FIGURE 19.1. PRIX AU MÈTRE CARRÉ MÉDIAN DES MAISONS ANCIENNES SELON LE NOMBRE DE PIÈCES EN ÎLE-DE-FRANCE EN 2018

En Île-de-France, s'agissant des maisons, ce constat se vérifie et les écarts de prix au mètre carré tendent même à augmenter depuis 2000. Il faut toutefois être prudent en l'absence d'obligation de mesurage « Carrez », car les surfaces des maisons reposent sur la seule déclaration des vendeurs. Certains espaces (combles, grenier, etc.) ne sont pas toujours comptabilisés.

En revanche, le prix au mètre carré des grands appartements franciliens est souvent équivalent, voire supérieur, à celui des appartements de petite taille. Parfois qualifié de « courbe en U », ce phénomène singulier s'explique par le particularisme et le poids du marché parisien, où sont situés les grands appartements familiaux disposant d'éléments de confort. Dans la majorité des arrondissements, il faut prévoir plus d'un million d'euros pour acquérir un appartement de 5 pièces et plus. Il en va de même dans deux départements franciliens proposant des biens haut de gamme : les Hauts-de-Seine et les Yvelines. Or, Paris et ces deux départements cumulent plus de 70 % des ventes de grands appartements franciliens (5 pièces et plus), ce type de bien restant relativement moins courant dans les quartiers populaires.

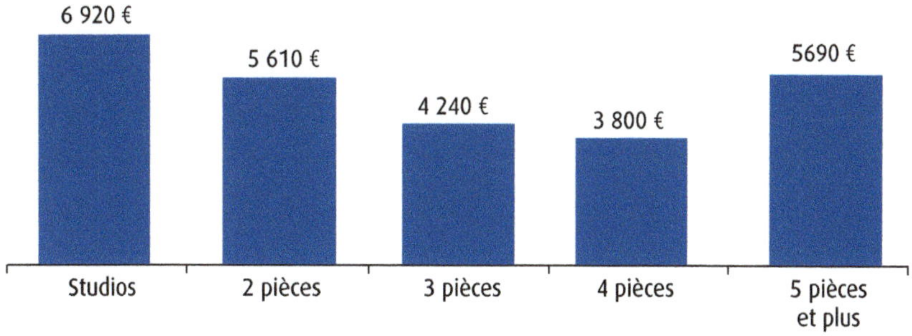

FIGURE 19.2. PRIX AU MÈTRE CARRÉ MÉDIAN DES APPARTEMENTS ANCIENS SELON LE NOMBRE DE PIÈCES EN ÎLE-DE-FRANCE EN 2018

Sur la durée, c'est le prix des appartements les plus petits qui, en Île-de-France, a crû le plus vite depuis 2000, sans doute en raison des évolutions structurelles de la demande (décohabitation, vieillissement de la population, etc.). À Paris, ce phénomène tend à lisser les écarts de prix entre les appartements de toutes tailles : le prix au mètre carré des grands appartements était ainsi supérieur de 55 % au prix du 2-pièces en 2000, alors qu'il n'est plus que de 11 % actuellement.

De même, dans la plupart des grandes villes, les prix au mètre carré des studios et des 2-pièces sont plus élevés que pour les autres types de biens, ainsi que l'illustre le tableau ci-dessous.

PRIX AU MÈTRE CARRÉ DES APPARTEMENTS SELON LE NOMBRE DE PIÈCES DANS DIFFÉRENTES VILLES DE PROVINCE EN 2018

	studio	2-pièces	3-pièces	4-pièces	5-pièces et plus
Nice	4000 €	3680 €	3560 €	3490 €	3450 €
Marseille	2540 €	2480 €	2220 €	2240 €	2370 €
Toulouse	3270 €	2670 €	2400 €	2320 €	2540 €
Bordeaux	4960 €	4480 €	3860 €	3670 €	3550 €
Montpellier	3000 €	2820 €	2470 €	2020 €	2170 €
Rennes	3320 €	2750 €	2470 €	2210 €	2240 €
Nantes	3280 €	2910 €	2650 €	2590 €	2950 €
Lille	3530 €	3110 €	2900 €	2630 €	2470 €
Lyon	4320 €	3970 €	3730 €	3700 €	4010 €
Strasbourg	3060 €	2480 €	2390 €	2520 €	2880 €
Province entière	2840 €	2500 €	2190 €	1930 €	1860 €

Source : Notaires de France – base PERVAL

La structure du marché francilien : petits appartements *versus* grandes maisons ?

La surface médiane des appartements vendus en Île-de-France est stable depuis 20 ans : 56 m². Le marché est largement dominé par les appartements de 2 et 3 pièces (près de 60 % des ventes d'appartements anciens en 2018). Compte tenu de l'ancienneté du bâti, des prix pratiqués et du profil des ménages parisiens (souvent composés d'une ou deux personnes), c'est à Paris que se concentrent les acquisitions des très petites surfaces : les studios et 2-pièces y représentent 56 % des ventes d'appartements, contre 35 % en grande couronne.

Presque inexistante à Paris, l'offre de maisons a au contraire connu une évolution importante en 20 ans, puisque la surface médiane des maisons vendues est passée de 98 m² à 105 m² en 2018. Cette tendance se confirme d'ailleurs au niveau national : la part des « petites » maisons de 3 pièces et moins a chuté de 22 % en 1998, à 16 % en 2018, tandis que celle des maisons de 6 pièces et plus passait sur la même période de 27 % à 32 %.

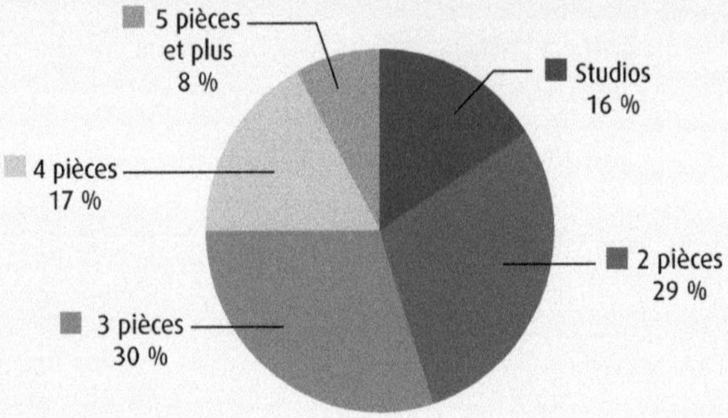

FIGURE 19.3. RÉPARTITION DES VENTES D'APPARTEMENTS ANCIENS PAR NOMBRE DE PIÈCES EN ÎLE-DE-FRANCE EN 2018

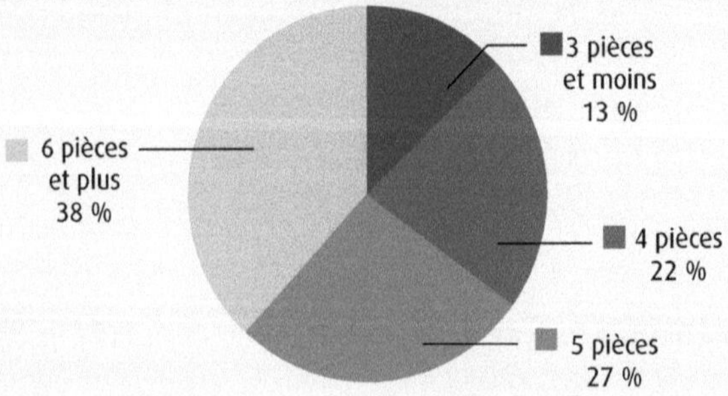

FIGURE 19.4. RÉPARTITION DES VENTES DE MAISONS ANCIENNES PAR NOMBRE DE PIÈCES EN ÎLE-DE-FRANCE EN 2018

Plus un logement est ancien, moins il est cher

Vrai et faux. On imagine que les logements anciens, construits avec des techniques mal maîtrisées, sont moins onéreux que les logements très récents bénéficiant d'aménagements plus rationnels et construits selon des normes exigeantes. L'ancienneté d'un bâtiment peut aussi rendre coûteuses les réhabilitations nécessaires des équipements sanitaires, du chauffage ou de l'isolation acoustique ou thermique. En règle générale, les logements récents (ceux construits depuis 2001, les constructions neuves comprises) sont donc en effet plus chers. Pourtant, ce principe de bon sens ne constitue pas une règle absolue. Le charme de l'ancien est parfois privilégié par des acquéreurs moins sensibles à la fonctionnalité du neuf.

En grande couronne et à Paris, les logements neufs sont vendus, respectivement, 19 % et 20 % de plus au mètre carré que le prix médian du secteur. Les logements très anciens, c'est-à-dire construits avant 1850 dans des quartiers très centraux, sont réputés pour leur charme : rares, eux aussi sont très valorisés à Paris ainsi qu'en petite couronne. Inversement, les logements d'après-guerre (1948-1980), les plus nombreux (38 % des ventes au total), sont aussi les plus abordables. Contrairement à une idée reçue, les appartements parisiens de type « haussmannien » (1850-1914) n'apparaissent pas survalorisés même s'ils sont très recherchés. Ils sont en effet abondants à Paris. En contrepartie de leur charme, il faut aussi noter qu'ils comportent parfois des espaces peu optimisés (par exemple de longs couloirs), à une époque où les acquéreurs sont attentifs à chaque mètre carré.

VALORISATION* DU PRIX DES LOGEMENTS ANCIENS VENDUS EN 2018 PAR ÉPOQUE DE CONSTRUCTION[1]

	avant 1850	1850-1913	1914-1947	1948-1980	1981-2000	2001-2017
Paris	+19 %	+3 %	- 8 %	+1 %	+16 %	+46 %
Part des ventes	*2 %*	*14 %*	*37 %*	*40 %*	*6 %*	*2 %*
Petite couronne	-	+12 %	- 12 %	- 6 %	+10 %	+18 %
Part des ventes	*0,1 %*	*2 %*	*14 %*	*50 %*	*16 %*	*17 %*
Grande couronne	-	- 10 %	- 16 %	- 1 %	- 1 %	+10 %
Part des ventes	*0,1 %*	*1 %*	*7 %*	*48 %*	*21 %*	*23 %*
Province-Appartements	+4,2 %	- 3,9 %	- 6,1 %	- 12,1 %	+19,1 %	+10,7 %
Part des ventes	*0,4 %*	*1,8 %*	*9,9 %*	*47,4 %*	*21,8 %*	*18,8 %*
Province-Maisons	- 25,5 %	- 27,3 %	- 25,5 %	- 4,9 %	+31,2 %	+32,1 %
Part des ventes	*1,1 %*	*4,5 %*	*25,7 %*	*35,3 %*	*16,7 %*	*16,7 %*

* Écart par rapport au prix du secteur

Hors Île-de-France, l'impact de l'époque de construction est également assez marqué mais s'analyse différemment. La décote des maisons anciennes est ainsi très marquée pour toutes

1. Sources : bases BIEN & Perval – Notaires Paris – Île-de-France & Notaires de France.

les maisons construites avant 1947, la qualité du bâti des maisons récentes étant très nettement privilégiée. En appartements, les écarts sont moindres, quoique la tendance soit identique. La période 1948-1980 marque à cet égard une singularité : les maisons construites pendant cette époque sont moins décotées par rapport aux constructions antérieures, tandis que les appartements le sont nettement plus, et ce d'autant que ces appartements représentent une part importante du marché.

Un bâtiment aux normes BBC constitue un atout pour la vente

Vrai. Les travaux réalisés par l'association DINAMIC montrent que la performance énergétique a une influence significative, toutes choses égales par ailleurs, sur la valeur marchande des logements.[1] Prenant en compte les informations relatives au DPE recensées par les bases notariales, ils mettent en évidence une « valeur verte ».

Le DPE, c'est quoi ?

Le DPE (Diagnostic de performance énergétique) renseigne sur la performance énergétique d'un logement ou d'un bâtiment (de A et B, les plus performants, à G, la plus faible), en évaluant sa consommation d'énergie et son impact en termes d'émission de GES. Depuis 2011, le DPE doit figurer dans l'affichage des annonces immobilières portant sur la vente ou la location de tous les logements. Il s'inscrit dans un ensemble de mesures visant à préserver l'environnement, mais aussi à limiter l'impact de la hausse des coûts de l'énergie pour les ménages.

Cet impact semble cependant moins sensible en Île-de-France, sans doute parce que la pénurie d'offre de logements ne permet pas toujours aux acquéreurs d'être sélectifs. À Paris, en particulier, seuls les biens les plus énergivores sont dévalorisés. À l'inverse, dans la zone climatique recouvrant l'Occitanie, une maison ancienne à la pointe des dernières réglementations thermiques (étiquette A ou B), s'est vendue en 2017 environ 10 % plus chère qu'une maison étiquetée D. Une maison étiquetée F ou G était dévalorisée de 16 % par rapport à une maison étiquetée D.

Aussi pourrait-il apparaître intéressant, afin de pouvoir réaliser une plus-value en cas de revente, de construire ou de rénover sa maison selon les normes BBC (Bâtiment basse consommation). Celles-ci sont de plus en plus exigeantes : alors que la réglementation thermique (RT) 2005 imposait une consommation maximale équivalente à la catégorie D du DPE, la norme BBC entrée en vigueur avec la RT 2012 oblige à respecter des consommations compatibles avec des étiquettes A et B. Une nouvelle étape va être franchie en 2020 avec l'entrée en vigueur de la RT 2020 promouvant les bâtiments à énergie positive (BEPOS), c'est-à-dire qui produisent plus d'énergie qu'ils n'en consomment.

1. Études DINAMIC, Valeur verte des logements en 2017.

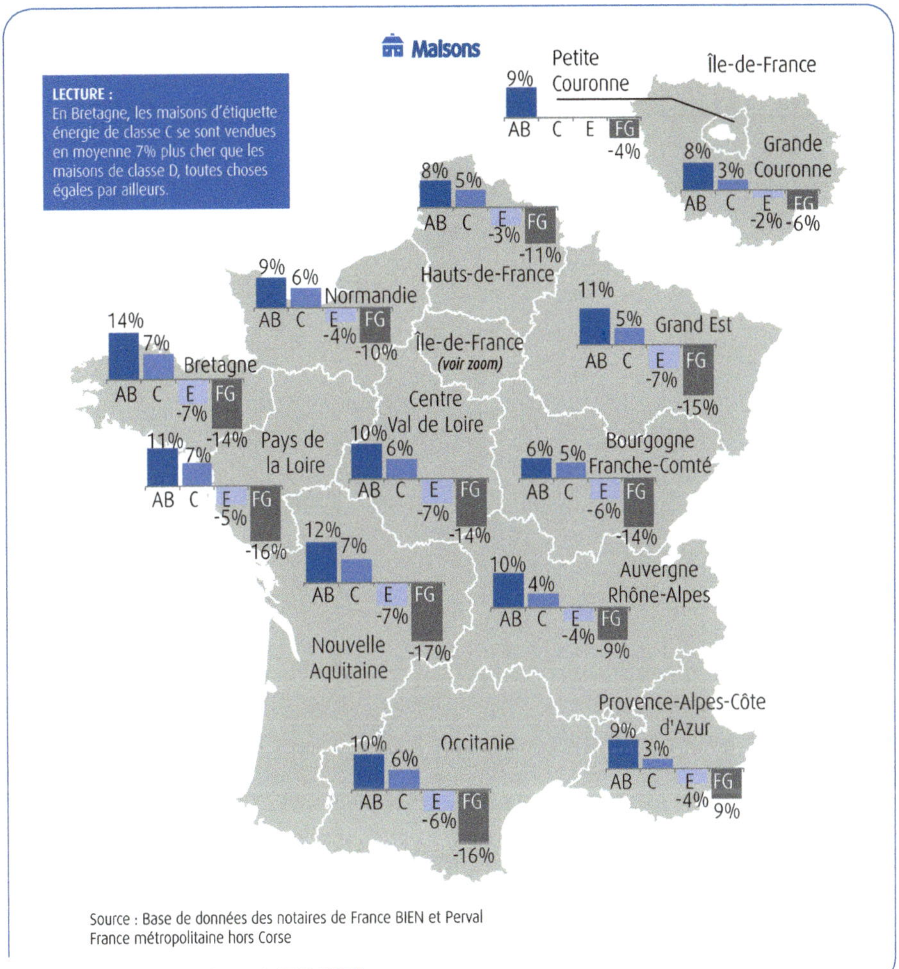

FIGURE 19.5. ESTIMATION DE LA VALEUR VERTE PAR RÉGION

De fait, rénover un logement en BBC permettrait de diviser jusqu'à 5 fois sa facture énergétique par rapport à un logement très mal isolé. À cette économie s'ajouterait, au moins dans certaines zones géographiques, une « valeur verte » correspondant à la plus-value immobilière réalisée en cas de revente (ou dans le cas d'un investissement locatif, sous la forme d'un loyer majoré).

Reste que cette plus-value n'est jamais certaine, car elle résulte aussi de la négociation entre les parties à la vente. En outre, elle est parfois totalement absorbée par le coût de la mise aux normes, qui dépend lui-même de très nombreux critères : montant des travaux et aides fiscales accessibles, zone climatique, âge du logement, facture énergétique actuelle, installation éventuelle de panneaux solaires, etc.

Pour acheter son appartement à un prix intéressant, mieux vaut qu'il soit situé au rez-de-chaussée

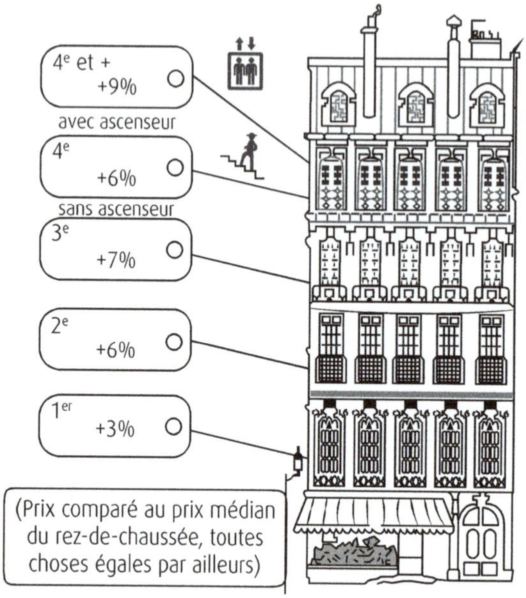

FIGURE 19.6. EFFET DE L'ÉTAGE SUR LE PRIX DES APPARTEMENTS ANCIENS À PARIS

Vrai… à Paris. Sans équivalent au niveau national, les données de la base BIEN permettent d'illustrer que, dans la capitale, le rez-de-chaussée est le niveau le plus abordable, même si d'autres facteurs peuvent pondérer le prix (présence d'une terrasse ou d'un jardin, par exemple). Le rez-de-chaussée se voit en effet souvent reprocher son manque de luminosité, un risque plus élevé de cambriolage et des nuisances liées à la proximité des passages. Au contraire, les étages élevés, souvent plus clairs et dotés d'une vue, sont les plus chers… à condition d'être desservis par un ascenseur. En l'absence d'un tel équipement, un appartement peut subir une décote importante, surtout s'il a vocation à abriter une famille.

On observe ainsi une différence de prix au mètre carré entre les appartements situés au rez-de-chaussée et ceux situés à des étages élevés (4e et plus) : de 9 % si le bâtiment est desservi par un ascenseur, de 6 % dans le cas contraire.

En banlieue, les prix sont moins affectés par l'étage du bien ou la présence d'un ascenseur. Tout au plus relève-t-on, dans certaines localisations, une légère survalorisation des biens situés aux 2e et 3e étages, tandis que les étages plus élevés (plus rares qu'à Paris et fréquemment situés dans des quartiers périphériques de la commune) sont légèrement dépréciés.

Si le logement est proche des transports collectifs, on le vendra plus facilement

Vrai… sauf à Paris. Dans les grandes agglomérations où il est très difficile de se déplacer en voiture, la proximité des transports en commun est souvent vue comme un atout. Au point que 70 % des Franciliens déclarent que la question des transports a pesé dans le choix de leur lieu d'habitation ou de leur lieu de travail.[1]

C'est pourquoi les statisticiens du service BIEN ont recherché si le prix au mètre carré des biens vendus dans un rayon de 800 mètres autour d'une station de métro ou de RER s'écartait de celui de biens plus éloignés, afin de vérifier l'impact réel de la proximité des transports sur le prix des logements en Île-de-France. Pour que la comparaison soit pertinente, l'étude a porté sur les seules communes où s'est réalisé un nombre de transactions suffisant à l'intérieur, comme à l'extérieur, du périmètre de 800 mètres. Cette restriction a abouti à exclure certaines communes comme Gentilly, Maisons-Alfort ou Saint-Denis.

Les résultats de cette recherche illustrent tout d'abord la singularité de Paris. Dans la capitale, du fait de la densité du réseau, la totalité des logements vendus en 2018 se situe à moins de 800 mètres d'une station de métro ou de RER, 96 % à moins de 500 mètres et 70 % à moins de 300 mètres. C'est pourquoi des critères comme l'agrément du cadre urbain ou la réputation des équipements scolaires ont finalement davantage d'influence que les transports dans la détermination des prix immobiliers.[2]

En revanche, à l'extérieur de Paris et dans les deux tiers des communes couvertes par l'étude du service BIEN, on constate un renchérissement des biens situés à proximité d'une station de métro ou de RER : +8,5 % par mètre carré pour les appartements et +4,7 % pour les maisons situées à moins de 800 mètres de la station la plus proche. Ces chiffres masquent cependant des écarts importants selon le contexte. Si, à Pontoise, le prix de vente au mètre carré des appartements anciens proches des transports est 59 % plus élevé, les appartements proches d'une gare sont, au Plessis-Robinson, en moyenne… 17 % moins chers au mètre carré. Il semble difficile d'avancer une raison unique : ces variations apparaissent tant liées à l'histoire, à la configuration géographique et à la sociologie propres à chaque commune.

Certaines zones proches des gares sont d'ailleurs excentrées et délaissées, ou souffrent d'une mauvaise image (nuisances, délinquance…). Lieux d'accueil privilégié pour les hangars et les activités industrielles lourdes, les environs des gares ont parfois vu se développer un habitat populaire à l'écart des zones résidentielles. C'est pourquoi réhabiliter et redynamiser les quartiers proches des gares figure parmi les grands objectifs de la métropole du Grand Paris.

1. www.iledefrance.fr/fil-actus-region/sondage-franciliens-leurs-transports-commun
2. Mathilde Poulhès, « Fenêtre sur cour ou chambre avec vue : Impact de la qualité du quartier sur les prix des logements à Paris », colloque DINAMIC, 8 décembre 2015.

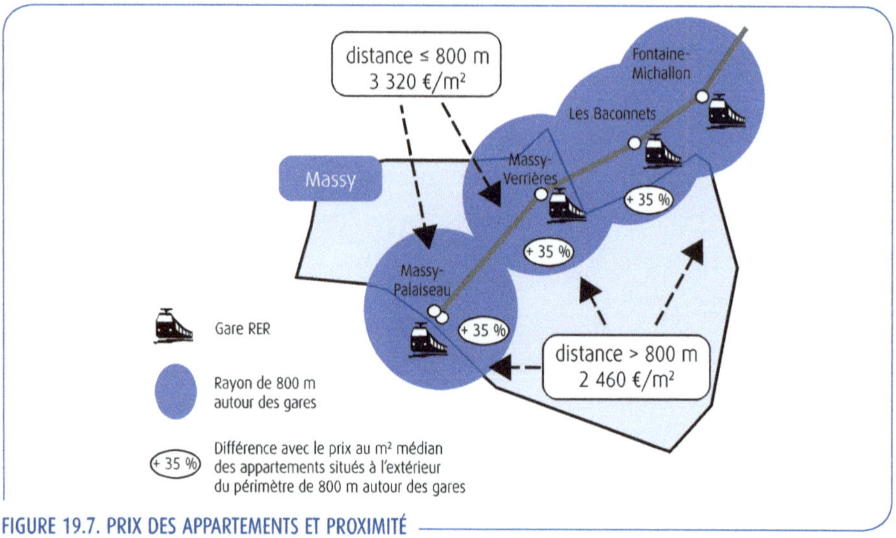

FIGURE 19.7. PRIX DES APPARTEMENTS ET PROXIMITÉ DES TRANSPORTS EN COMMUN : L'EXEMPLE DE MASSY ET D'ANTONY EN 2018

Quel logement peut-on acquérir pour un budget donné ?

Le prix d'un logement est largement lié à ses caractéristiques physiques : nombre de pièces, surface, etc. Mais c'est surtout sa localisation qui peut influer sur sa valorisation. L'acquisition d'un appartement de 3 pièces est ainsi trois fois moins onéreuse en Seine-et-Marne qu'à Paris, celle d'un studio, deux fois moins. À un budget donné correspondent donc, selon le secteur géographique dans lequel on recherche, des biens spécifiques. Illustration, en région francilienne, pour un budget de 200 000 € pour un appartement, ou de 300 000 € pour une maison…

Recherche appartement pour un budget de 200 000 €…

Le prix de vente médian des appartements s'établissait en Île-de-France, en 2018, à 230 000 €. Cette valeur est tirée vers le haut par le marché parisien, où le prix de vente médian atteint 395 000 € (191 000 € dans le reste de la région, hors Paris).

TYPE D'APPARTEMENT ACCESSIBLE AVEC UN BUDGET DE 200 000 € EN 2018

	Prix de vente médian des appartements en 2018	Nombre de pièces	Prix médian de vente	Surface médiane en m²
Paris	395 000 €	Studio	200 000 €	22
Hauts-de-Seine	308 800 €	Studio	150 000 €	25
Île-de-France	230 000 €	Studio	148 000 €	24
Yvelines	208 000 €	2 pièces	166 000 €	45
Val-de-Marne	205 000 €	2 pièces	178 000 €	42
Seine-Saint-Denis	157 000 €	4 pièces	200 000 €	78
Val-d'Oise	151 000 €	5 pièces et plus	200 000 €	96
Seine-et-Marne	148 500 €	4 pièces	182 000 €	79
Essonne	144 000 €	5 pièces et plus	190 000 €	93

Reste qu'un budget « rond » de 200 000 € permet difficilement d'acquérir un appartement spacieux en Île-de-France. À Paris, on peut certes trouver un studio, mais à condition de se contenter de 22 m² et de ne pas vouloir s'installer dans les arrondissements centraux (du 1er au 8e). Constat proche dans les Hauts-de-Seine : dans une majorité de communes, seul le studio affiche un prix inférieur à 200 000 €.

Pour ceux qui souhaitent ou doivent se loger dans un grand appartement, il faut donc s'éloigner du centre de Paris. Ainsi, la plupart des communes de Seine-Saint-de-Denis, du Val-d'Oise, de la Seine-et-Marne et de l'Essonne offrent la possibilité d'acquérir, pour 200 000 €, un appartement d'au moins 4 pièces, voire par endroits de 5 pièces et plus. La taille du logement auquel on peut accéder avec un budget de 200 000 € varie donc fortement selon la localisation.

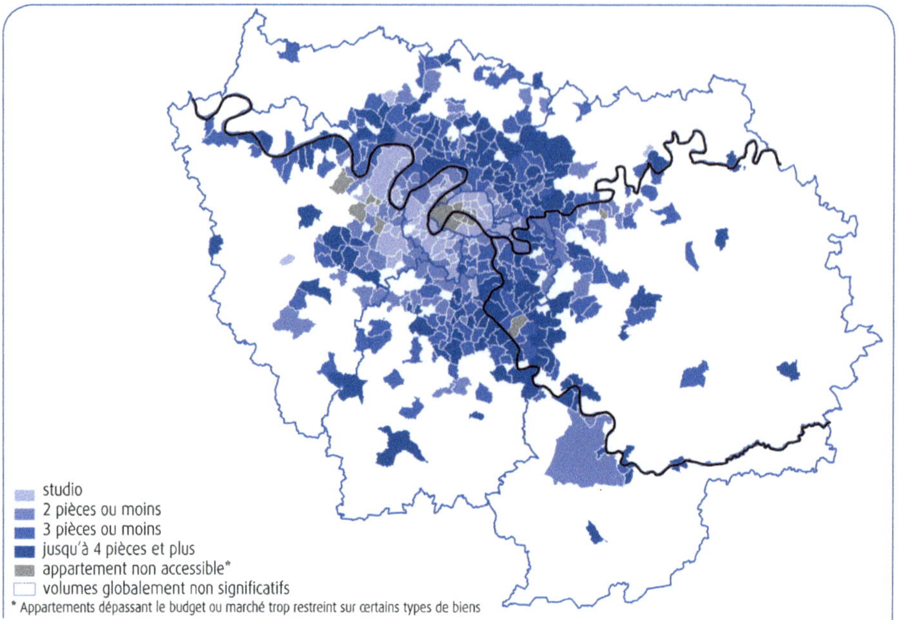

FIGURE 20.1. LE MARCHÉ DES APPARTEMENTS À 200 000 € EN ÎLE-DE-FRANCE

Pour 300 000 €, quelle maison trouve-t-on ?

En 2018, le prix de vente médian d'une maison s'établit à 300 800 € sur l'ensemble de l'Île-de-France. Mais il existe des zones où il apparaît difficile de trouver un logement individuel, même petit, à un tel prix. C'est le cas d'une grande majorité des communes des Hauts-de-Seine.

TYPE DE MAISON ACCESSIBLE AVEC UN BUDGET DE 300 000 € EN 2018

	Prix de vente médian des maisons en 2018	Nombre de pièces	Prix médian de vente	Surface médiane en m²
Hauts-de-Seine	716 350 €	–	–	–
Val-de-Marne	390 000 €	3 pièces et moins	280 000 €	65
Yvelines	351 000 €	4 pièces	287 000 €	88
Île-de-France	300 800 €	5 pièces	296 900 €	103
Essonne	298 050 €	5 pièces	294 900 €	102
Val-d'Oise	286 000 €	5 pièces	284 300 €	101
Seine-Saint-Denis	275 000 €	5 pièces	283 000 €	100
Seine-et-Marne	248 000 €	6 pièces et plus	300 000 €	135

Pour des acquéreurs disposant d'un budget de 300 000 € et qui souhaitent investir à proximité de Paris, ou encore en grande couronne mais dans des communes attractives (au nord du lac d'Enghien dans le Val-d'Oise, à proximité du parc de Disneyland Paris, vers la Vallée de Chevreuse dans l'Essonne, à Fontainebleau en Seine-et-Marne, etc.), il faut ainsi se contenter d'une maison de 3 pièces et moins. En revanche, dans de nombreuses communes moins attractives et/ou situées en grande couronne, on peut devenir propriétaire d'une maison de 6 pièces et plus. En Seine-et-Marne, de grandes maisons sont même offertes à la vente pour moins de 200 000 € dans des communes éloignées du cœur de l'agglomération.

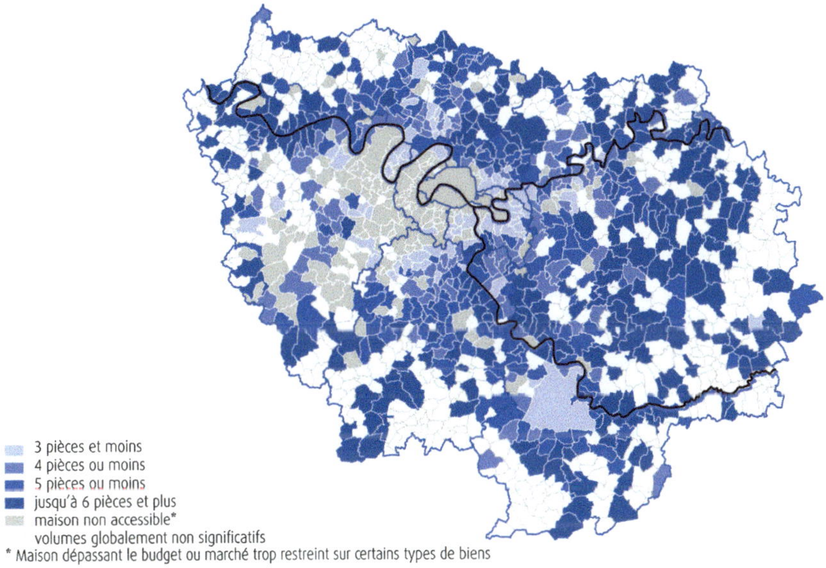

FIGURE 20.2. LE MARCHÉ DES MAISONS À 300 000 € EN ÎLE-DE-FRANCE

Comme pour les appartements, la localisation joue ainsi un rôle prépondérant dans le niveau des prix. La proximité de Paris, le marché de l'emploi, la qualité de desserte (axes routiers et transports en communs), le niveau de vie ainsi que le cadre de vie diffèrent d'une ville à l'autre et influent sur les prix.

Et ailleurs ?

En province également, la localisation joue. Il est d'ailleurs difficile d'évoquer un budget médian pour l'ensemble de la province, tant les prix varient. Mais on peut indiquer quel logement, pour des budgets de différents niveaux, un acquéreur peut obtenir dans différentes villes de France.

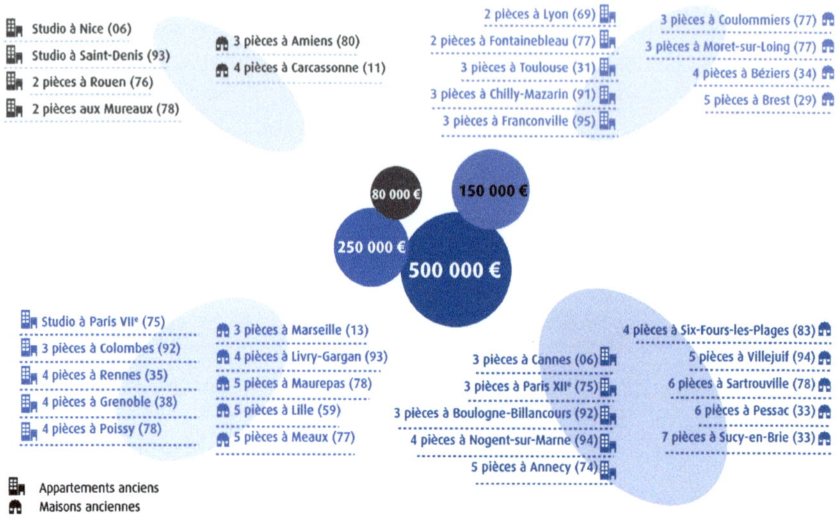

Source : CSN, Conférence de presse immobilière nationale, 13 décembre 2018
Prix calculés sur la période du 1er janvier au 30 septembre 2018

FIGURE 20.3. BIENS DISPONIBLES DANS L'ANCIEN PAR BUDGET

Bien s'informer pour ne pas se tromper

FICHE 21

Où trouver l'information sur les biens immobiliers ?

Les ménages consacrent près d'un quart de leur revenu disponible à leurs dépenses de logement. Aussi importe-t-il, autant pour l'acquéreur que pour le vendeur, de pouvoir disposer rapidement d'une information sur les éléments qui concourent à la formation du prix de vente. L'observation montre que des biens similaires peuvent se vendre à des prix très différents, peut-être parce que les parties n'ont pas pu se forger en amont une idée très claire de la valeur marchande véritable d'un logement. Plusieurs outils, privés comme publics, permettent de s'approcher au plus près de ce « juste prix ».

L'information liée à la signature d'un avant-contrat de vente

La réglementation relative à la vente immobilière se veut protectrice de l'acquéreur d'un logement car celui-ci, contrairement au vendeur, ne connaît pas le bien mis en vente. Afin que cet acheteur prenne le temps de mesurer la portée de son investissement, la loi lui a accordé une faculté de rétractation. D'abord réservée à celui qui n'arrivait pas à obtenir de prêt (loi Scrivener de 1979), le droit de rétractation bénéficie aujourd'hui à tout acquéreur de logement : il peut être exercé durant 10 jours à partir de la signature de l'avant-contrat de vente.

L'information sur les indices de prix

Les indices de prix, qui retracent les évolutions du prix des logements, fournissent quant à eux des informations sur les évolutions de prix liées à la qualité des logements vendus (emplacement, nombre de pièces, niveau de confort, etc.). Aucun bien n'étant strictement identique à un autre, l'utilisation de techniques économétriques permet de distinguer les qualités jugées comme essentielles dans une transaction et de comparer les prix de ceux partageant les mêmes qualités. Les indices ne visent donc pas à fournir une moyenne de prix pour toutes transactions courantes sur une période donnée, mais à établir la variation des prix pour des biens jugés similaires.

Les données des bases immobilières

L'information sur les évolutions du marché immobilier peut être affinée à l'aide de diverses bases de données.

« PATRIM » constitue la base d'information de l'administration fiscale. Alimentée par les données transmises par les notaires aux services de la publicité foncière, cette base peut être consultée par les contribuables pour les aider à estimer la valeur de leurs logements ou résidences.

De même, les professionnels ont mis en place leurs propres bases. C'est en particulier le cas de la profession notariale qui, disposant d'un monopole en matière de vente immobilière, a créé les bases « BIEN » (pour l'Île-de-France) et « Perval » (pour la province). Celles-ci sont abondées par les 100 paramètres et plus recueillis lors de chaque transaction : informations concernant les prix et la surface du bien vendu (ce qui permet de déterminer un prix moyen ou médian au mètre carré par commune ou arrondissement), les caractéristiques du bien (étage, nombre de pièces, surface, présence d'un ascenseur, nombre de salles d'eau, performance énergétique, etc.), le profil ou la catégorie socio-professionnelle du vendeur et de l'acquéreur, etc. Ces données permettent, pour un secteur géographique donné, de préciser la valeur de marché d'un bien en fonction de tel ou tel élément de confort, d'entretien, ou d'esthétique, de ses performances en termes de vue, d'insonorisation, etc.

C'est pourquoi la collecte de ces informations a été unifiée, et les notaires assurent la diffusion de données statistiques gratuites au public sur le site www.immobilier.notaires.fr. Certains tableaux de résultats statistiques réalisés à la demande pourront, quant à eux, être payants.

> **Les pouvoirs publics ont, dans le cadre d'une loi du 28 mars 2011, confié à la profession notariale un service public de l'information immobilière.**

Immo Notaires Argus

Vous souhaitez comparer le prix d'une maison ou d'un appartement, neuf ou ancien et situé en Île-de-France, avec ceux de biens immobiliers ayant fait l'objet d'une vente dans le même quartier ? Il vous suffit d'effectuer une recherche personnalisée sur le site Immo Notaires Argus. Celle-ci est réalisée à partir des données de la base BIEN. Depuis l'achat jusqu'à la livraison des données, toute l'opération est dématérialisée. Son coût : 10 € par commande.
Plus de renseignements sur https://www.immonotairesargus.com

L'expertise d'un professionnel de l'immobilier

Les propriétaires qui veulent préciser la valeur d'un logement donné doivent avoir recours à l'avis d'un professionnel de l'immobilier.

Procédant à une visite complète des locaux de l'immeuble concerné ainsi que de ses équipements, il réalise une expertise approfondie dont le coût dépend des diligences entreprises. Le plus souvent, il est suffisant de recourir à un simple « avis de valeur » qui, moins fouillé, peut être produit gratuitement par un professionnel en appui de sa mission principale (mandat de vente pour un agent immobilier, par exemple).

Il faut cependant garder à l'esprit qu'aucune expertise n'est absolument incontestable. Sa validité est limitée dans le temps en raison de l'évolution permanente des prix du marché. Les résultats peuvent aussi varier d'un expert à l'autre, les paramètres à retenir étant nombreux et difficilement hiérarchisables. Enfin, le résultat de la recherche peut toujours être remis en cause par l'administration fiscale, par exemple lorsqu'elle cherche à déterminer la plus-value réalisée par le vendeur (différence entre le prix d'achat initial et le prix de revente : voir à ce sujet la fiche 12). Une expertise se contente donc d'approcher le « juste prix » d'un bien.

Le prix de vente d'un bien donné reste d'ailleurs l'objet d'une négociation entre les parties, et celle-ci dépend de nombreux aléas : capacité financière de l'acquéreur, urgence de la prise de décision, notamment en ce qui concerne le vendeur (en cas de décès, de divorce, de perte d'emploi, etc.), « coup de cœur », etc. L'essentiel est donc que chacun puisse se déterminer en connaissance de cause.

Questions à David Jouannet, responsable du service expertise de Paris Notaires Services

Comment travaille l'expert immobilier pour déterminer la valeur d'un bien ?

L'expert immobilier ne commercialise pas les biens qu'il évalue, ce qui lui confère objectivité, rigueur et neutralité. Il doit analyser le marché dans lequel s'insère le bien expertisé. Pour ce faire, l'interrogation de la base BIEN – qui recense la majorité des ventes qui ont eu lieu sur une commune, dans un quartier donné, sur les 30 dernières années – permet d'avoir une connaissance du marché pour un bien de qualité identique sur une commune et dans un quartier donnés.

Quelle est la valeur ajoutée de l'expertise immobilière par rapport à un avis de valeur ?

Elle fournit un rapport plus détaillé et plus argumenté que ne le ferait un simple avis de valeur. Évaluer un bien suppose en effet la prise en compte d'une multitude de paramètres : l'adresse, les caractéristiques techniques de l'immeuble, son état, la vue, la distribution des pièces, l'exposition du bien, ses annexes (cave et parking), son occupation (libre, occupé, viager) et, le cas échéant, les conditions locatives et, surtout, l'adéquation du logement avec la demande sur le marché immobilier local. Par exemple, à Paris, compte tenu des prix, les petites surfaces sont très recherchées. Dans certaines banlieues plus « familiales », le bien le plus recherché sera au contraire le pavillon avec trois ou quatre chambres.

Comment expliquer que deux biens se situant dans un même quartier ne soient pas valorisés au même prix ?

Cela tient parfois à peu de choses, par exemple à un manque d'équipement : l'absence d'un ascenseur passé le 3e ou le 4e étage ou, pour un grand appartement familial, d'un parking. Les nuisances sonores – comme la localisation sur un carrefour ou sur un axe bruyant proche des voies SNCF, ou le fait de se trouver au-dessus d'un établissement de nuit (bar ou restaurant) – peuvent également avoir un impact sur le prix.

Un bien original dans sa conception, trop personnalisé, un « souplex » non autorisé par la copropriété, une « très grande maison » loin de la gare en grande banlieue et/ou contenant une servitude de passage, une maison au bord d'un cours d'eau en zone inondable... peuvent toutefois plaire à un public d'acquéreurs plus restreint.

Zoom sur les bases notariales

Dans cet ouvrage, l'ensemble des données chiffrées utilisées sont, en ce qui concerne les ventes immobilières localisées en Île-de-France, issues de la base BIEN (Base d'information économique notariale). Des comparaisons peuvent être établies entre ces données et celles récoltées et exploitées par la base Perval au niveau de la province et, désormais, dans le cadre d'une mission de service public confiée aux notaires, dans une base nationale. Quant aux autres données de cadrage sur le parc immobilier et la population, elles proviennent essentiellement des publications de l'Insee.

La base BIEN : 30 ans d'expérience dans la collecte de données immobilières

La collecte de données pour la région francilienne a démarré, à l'initiative de la Chambre des Notaires de Paris, à la fin des années 1980. Les premières « fiches » de transactions étaient cartonnées, établies à partir de données extraites des actes envoyés par les notaires et conservées dans des boîtes. Début 1990, la base de données informatiques BIEN puis, au niveau de la province, la base de données Perval, sont créées pour stocker ces informations et les rendre plus facilement accessibles.

La collecte se généralise alors et, en Île-de-France, la forte mobilisation des notaires permet de disposer des données relatives à environ 80 % des transactions grâce aux accords passés entre les différentes Chambres départementales : tout d'abord à Paris et dans la petite couronne (les données sont accessibles depuis 1991), puis dans la grande couronne à partir de 1996.

La collecte des données et leur consultation progressent

Les bases immobilières suivent les évolutions technologiques. Si les notaires ont longtemps fait parvenir à la base des photocopies des actes de vente, la collecte se fait désormais essentiellement par télétransmission des principales informations. La mise à disposition des données est, de ce fait, beaucoup plus rapide. Depuis quelques années, les bases immobilières collectent aussi des informations relatives aux avant-contrats afin de calculer les prix très en amont du processus de vente, et non plus simplement lors de la conclusion effective de la vente (en général 2 à 3 mois après l'avant-contrat). Dans le cadre de la mission de service public notariale qui a démarré le 1er janvier 2017, c'est l'intégralité des ventes et avant-contrats qui est désormais attendue.

En Île-de-France, les notaires et les professionnels de l'immobilier peuvent rapidement consulter les références sur des sites internet dédiés. Quant au grand public, il a, pour un coût modique, accès à l'application Immo Notaires Argus et aux sites internet des chambres de la région, lesquelles proposent une mise à jour trimestrielle des prix du marché.

Depuis 2017, les données sont mises à disposition en « open source » dans le cadre de la mission de service public d'information immobilière du notariat.

Des méthodes statistiques éprouvées

Un partenariat existe avec l'Insee depuis les premières années afin de produire les « Indices Notaires – Insee ». Ceux-ci ont été labellisés par l'Autorité de la statistique publique à partir de 2010, ce qui indique qu'ils sont conformes aux bonnes pratiques de la statistique publique. Ces Indices Notaires – Insee permettent de suivre l'évolution des prix par département et dans l'ensemble de la région en tenant compte de la disparité des biens vendus. En effet, chaque bien immobilier présente des caractéristiques propres qui expliquent la formation de son prix. Ces indices existent au niveau national, pour la province dans son ensemble et sur certaines régions.

Des analyses plus détaillées sur les évolutions de prix par commune sont également proposées chaque trimestre.

Le prix par commune présenté dans ces analyses a longtemps été un prix médian (c'est-à-dire un prix pour lequel la moitié des transactions se réalise à un prix plus élevé, l'autre moitié à un prix moins élevé). Cet indicateur est, en ce qui concerne le marché immobilier, plus pertinent que le prix moyen qui peut être fortement influencé par la réalisation de quelques transactions à des prix exceptionnellement élevés, surtout lorsque la commune étudiée ne connaît pas un nombre de transactions très important. Mais, depuis la fin de l'année 2017, des prix standardisés sont calculés à partir d'une méthode de calcul proche de celle des Indices Notaires – Insee : cette méthode prend en compte la diversité des ventes, parfois très variables d'un trimestre à l'autre dans une commune, alors que le prix n'évolue pas fortement.

Le numérique, ça change tout !

À l'image de l'ensemble de l'économie, le secteur immobilier est transformé par la révolution numérique : habitudes de recherche renouvelées, services innovants, nouveaux acteurs... Les bouleversements sont nombreux et affectent les modes de recherche d'un logement, le processus de la vente ou le rapport à la propriété.

Internet, premier outil de recherche immobilière

Si la parution d'annonces dans des journaux existe depuis longtemps, Internet a révolutionné la recherche immobilière : 90 % des projets concrétisés ont en effet débuté en ligne.[1] L'essentiel des annonces est désormais centralisé sur quelques plateformes mutualisées qui proposent un haut niveau d'information en matière d'offre et de prix.

Le numérique élargit considérablement la diffusion des annonces et lui confère un caractère quasi-instantané. Consulter le prix d'un pavillon dans le Calvados ou recevoir les dernières annonces sur un smartphone ne prend que quelques secondes et il n'est pas rare qu'un logement soit visité et vendu le jour même de sa mise en vente.

De même, la collecte des données par les notaires et les agences immobilières permet à l'acquéreur de suivre de près les évolutions du marché et de déterminer le « juste prix » d'un bien en fonction du secteur et des caractéristiques du bien recherchés.

Le numérique modifie aussi le rapport à la propriété

Internet contribue à transformer le rapport entretenu avec la notion même de propriété. L'économie dite « collaborative », qui doit beaucoup aux plateformes numériques, contribue à la diversification des modes d'occupation du parc de logements. De plus en plus nombreux sont ceux qui, davantage motivés par l'utilisation ou la rentabilité d'un bien immobilier que par sa propriété, se montrent prêts à partager des espaces de vie ou à accueillir des visiteurs. Habitat partagé, colocation, hébergement gratuit (comme le « couchsurfing »), location saisonnière entre particuliers, travail à domicile..., plus diversifié et plus intensif, l'usage d'un bien immobilier semble également se dépersonnaliser. Cette évolution n'est pas sans conséquences sur le marché de l'accès à la propriété. Dans les zones prisées, certains acquéreurs se montrent parfois davantage motivés par la possibilité – souvent très rentable – de louer leur logement quelques jours à plusieurs mois par an (par exemple *via* Airbnb), que par celle de se trouver un toit.

1. Enquête ManPower Group/Usine Digitale, 2016. Source : Bernard Vorms, La révolution numérique et le marché du logement : nouveaux usages, nouveaux acteurs, nouveaux enjeux, Rapport à la ministre du Logement et de l'Habitat durable et au ministre de l'Économie et des Finances, France Stratégie, vovembre 2016.

L'émergence de nouveaux services

Internet offre également une gamme de nouveaux outils à l'acquéreur afin de l'aider à mener sa recherche d'un logement.

- La géolocalisation des biens autorise, à travers des cartes interactives, à comparer le prix de plusieurs biens à l'échelle d'une ville, d'un quartier ou d'une rue ou, *via* certaines applications et le Big Data, d'obtenir une multitude d'informations relatives à l'environnement (présence ou non d'écoles, de commerces, de transports, etc.).
- Les visites virtuelles proposent, grâce à une vue à 360°, de découvrir l'intérieur d'un logement ou, grâce à l'imagerie 3D, de projeter un nouvel aménagement intérieur, de visiter ou de concevoir des logements qui n'ont pas encore été construits.
- Les outils d'estimation et de simulation peuvent donner une première estimation de la valeur d'un appartement ou d'une maison à partir des bases notariales et d'agences, tandis que des simulateurs de prêts bancaires permettront d'estimer des mensualités et le budget nécessaires à la réalisation du projet.

Les nouveaux acteurs

Le numérique modifie enfin les modes de travail des professionnels. Des réseaux de mandataires se développent selon un principe semblable à celui selon lequel fonctionne Uber : rattachés à une maison mère, des agents indépendants bénéficient au sein du réseau de la transmission d'informations et d'une baisse de coûts liée en partie à l'absence d'agence physique… ce qui leur permet d'offrir aux clients des honoraires souvent plus faibles que les agences traditionnelles.

Questions à Stéphane Adler

Vice-président de la Chambre des notaires de Paris, président de Paris Notaires Services (PNS), en charge des technologies de l'information et de la communication, notaire à Paris

Les nouvelles technologies accélèrent-elles la vente immobilière ?

Les nouvelles technologies fluidifient les échanges entre les notaires et leurs clients et facilitent la rédaction des actes notariés. Les notaires recourent très largement à l'acte authentique électronique, c'est-à-dire un acte authentique totalement dématérialisé et contenu sur un support électronique mais qui, à l'instar de l'acte authentique traditionnel, confère toujours date certaine, force probante et force exécutoire. À la différence de l'acte « papier », il s'agit d'un acte totalement dématérialisé : les parties, physiquement réunies chez le notaire, peuvent lire l'acte projeté sur un écran et le signer au moyen d'une tablette. D'autres outils sont déjà en train d'être mis en place, comme le portail d'échange d'informations Notaviz où l'on trouve des questionnaires interactifs, les questions à se poser avant de passer à l'acte, des vidéos, des simulateurs (plus-values, frais immobiliers, prêt à taux zéro), des services tels que « BailMyself » pour rédiger un bail sous seing privé en ligne, etc.

Puis-je consulter mon dossier ou signer un acte de vente à distance ?

La consultation de son dossier à distance, c'est l'un des objectifs du notariat à court ou moyen terme, *via* Notaviz notamment.

Dans le cadre d'une relation à distance avec son notaire, il est aussi important de permettre, à court ou moyen terme, l'utilisation de la visioconférence. Le vendeur est présent en l'étude de son notaire – par exemple à Paris – et l'acquéreur est présent chez un autre notaire – par exemple à Marseille. Cette technique est testée depuis le mois d'avril 2016 et le premier acte en participation à distance a été signé le 10 octobre 2018.

Quant à la signature d'un acte de vente à distance, elle répond à une véritable demande. Mais elle n'est pas actuellement possible. Il faudra, pour y parvenir, modifier les règles applicables, notamment créer une identité numérique parfaitement sécurisée. Les notaires y travaillent actuellement.

La vente aux enchères dématérialisée, c'est pour bientôt ?

Nous procédons étape par étape. Nous proposons déjà des visites virtuelles avant la vente. Il est désormais possible de porter enchère à distance par téléphone. Un site internet est dédié aux ventes aux enchères, orienté vers l'expérience client : espace personnalisé, alertes... Nous pourrons procéder à des ventes totalement dématérialisées lorsque nous aurons levé certaines contraintes techniques (identifier le donneur d'ordres, réaliser le virement pour porter enchère, etc.) tout en assurant le strict respect de notre déontologie.

FICHE 24

Se faire accompagner… pour ne pas se tromper !

De nombreuses transactions se concluent directement entre l'acquéreur et le vendeur. Mais il peut être préférable de s'adjoindre les services d'un professionnel pour mener l'opération à bien. Car certains procurent aux parties un accompagnement précieux afin de conclure la vente immobilière dans les meilleures conditions.

Agent immobilier, mandataire ou notaire : qui choisir pour mettre en vente ?

Lorsque l'on souhaite confier à un professionnel la vente d'un bien, on a souvent le réflexe de faire appel à un agent immobilier. Indépendant ou affilié à un réseau national (Century 21, Era, Laforêt, Orpi, Guy Hocquet, etc.) ou régional, ce professionnel exerce une activité réglementée. Pour s'établir, il doit détenir une carte professionnelle délivrée par le préfet au regard, notamment, de critères d'aptitude, être couvert par une assurance de responsabilité civile professionnelle et disposer d'une garantie financière. Il agit en vertu d'un « mandat » écrit qui doit être établi conformément à la loi dite « Hoguet » du 2 janvier 1970, régissant l'activité professionnelle de la transaction immobilière. Ce mandat peut être « exclusif » (ce qui signifie que le vendeur ne pourra pas conclure directement la transaction, même s'il a trouvé un acheteur, ou confier la vente à un autre intermédiaire), ou « simple ». L'agent immobilier est rémunéré, si la vente se conclut, par une commission sur le prix de vente comprise entre 3 et 8 % de la valeur du bien immobilier.

« Le recours à un agent immobilier n'est pas obligatoire et d'autres professionnels peuvent aussi être sollicités pour mener à bien le processus de la vente immobilière.

Ainsi le mandataire est-il, lui aussi, susceptible de recevoir mandat. Ne possédant pas lui-même de carte professionnelle, il peut travailler en lien avec une agence immobilière (en tant que salarié ou plus souvent en tant qu'agent commercial). La majorité des mandataires immobiliers exerce au sein d'un réseau (par exemple Capi France, Optihome, Safti, Propriétéprivée.com, etc.). Toutefois, au contraire des agents immobiliers, la loi n'impose aucune formation initiale aux mandataires, même si elle est parfois garantie au travers de la certification mise en place par les réseaux. Le mandataire reçoit souvent une commission moins élevée que l'agent immobilier, du fait de frais de fonctionnement réduits (pas de boutique physique).

On connaît moins le rôle du notaire en matière de négociation immobilière, alors qu'il exerce cette activité de manière régulière, surtout dans le Nord et en Bretagne. Ailleurs, cette activité présente un caractère plus accessoire, mais le rôle du notaire demeure très utile en zone rurale où les agents immobiliers sont peu présents. Rémunéré par des honoraires librement fixés et distincts des émoluments liés à l'authentification de l'acte de vente, il peut assister le vendeur comme l'acquéreur dans leur recherche et négocier la vente.

Bon à savoir

L'ensemble des services apportés en la matière par le notariat sont accessibles sur le site https://www.immobilier.notaires.com

Les missions de l'intermédiaire de la vente immobilière

Si la mission essentielle de l'intermédiaire est de trouver un accord entre le vendeur et l'acheteur en ce qui concerne le prix de vente, il accompagne en réalité son client tout au long du processus de vente.

Il peut d'abord assister le vendeur dans l'évaluation de son bien et l'aider à fixer un prix cohérent avec ceux pratiqués sur le marché. En pratique, les professionnels se réfèrent aux transactions réalisées récemment dans les environs pour un bien présentant les mêmes caractéristiques que celui proposé à la vente.

Le professionnel doit ensuite rechercher les personnes éventuellement intéressées par le bien et organiser les visites. Mettant en valeur les qualités du produit, le négociateur n'a pas d'obligation de résultat, mais il doit utiliser tous les moyens précisés dans le mandat pour trouver un acquéreur. Il peut donc être prudent de mentionner ces moyens dans le mandat : publication d'offres dans les journaux d'annonces gratuits, dans la presse spécialisée et sur les sites internet (celui de l'agence, du réseau ou des portails immobiliers), outils interactifs (SMS, alertes internet, applications sur smartphones, etc.). Le réseau dont dispose le professionnel joue ici un rôle essentiel (affiliation à un groupement, fichier client, etc.) de même que, au plan local, la détention d'une vitrine physique permettant d'afficher des annonces dans le quartier convoité par les acquéreurs potentiels.

Une fois l'accord trouvé, l'intermédiaire peut enfin assister son client pour réunir les éléments contractuels de l'avant-vente et de la vente (titres de propriété, certificats d'urbanisme, hypothèques, formules de prêt, conditions de crédit, etc.). L'agent immobilier et le notaire peuvent aussi faire signer le compromis ou la promesse de vente (mais de nombreux agents préfèrent sur ce point s'en remettre au notaire) et recevoir des fonds.

Les nouveaux intermédiaires de l'immobilier : attention aux abus !

Le secteur de l'immobilier a vu émerger ces dernières années de nouveaux intermédiaires : les « chasseurs immobiliers », chargés de rechercher pour le compte d'un acquéreur potentiel un bien immobilier sur la base de critères préalablement définis. De même, des sociétés de relocation se voient confier la mission de rechercher des logements et de réaliser des prestations annexes (visite, négociation, état des lieux et accomplissement de formalités, etc.). Dans une enquête publiée en 2014[1], la Direction générale de la concurrence, de la consommation et de la répression des fraudes (DGCCRF) a rappelé que toute personne qui, d'une manière habituelle, se livre ou prête son concours, même à titre accessoire, aux opérations portant sur les biens d'autrui, et relatives notamment à l'achat, à la vente, à la recherche, à l'échange, à la location ou sous-location, saisonnière ou non, en nu ou en meublé d'immeubles bâtis ou non bâtis, est soumise à la loi Hoguet. Les sociétés de relocation et les chasseurs immobiliers doivent donc, en principe, disposer d'une carte professionnelle délivrée sous conditions d'aptitude, de garantie financière minimum (sauf en l'absence de maniement de fonds de tiers sur ses comptes) et de souscription d'une assurance responsabilité civile professionnelle.

Or, la DGCCRF a relevé des manquements en ce qui concerne les points suivants : obligation d'afficher et d'inscrire dans leurs publicités la mention « absence de garantie financière », tenue des registres de mandats, etc. Elle a en particulier constaté que certains de ces nouveaux intermédiaires perçoivent une partie de leurs honoraires dès la signature du contrat de recherche, en contravention avec la loi Hoguet qui interdit à l'intermédiaire de percevoir une quelconque somme d'argent avant la conclusion effective de l'opération.

Le promoteur immobilier, homme-orchestre de la construction

Si l'on souhaite acquérir un bien neuf, c'est vers le promoteur immobilier qu'il convient de se tourner.

Son rôle est pluriel. Après avoir étudié la faisabilité et l'opportunité de faire construire sur un terrain, il procède à son acquisition. Le promoteur fait appel à des prestataires techniques tels que l'architecte, le géomètre, le contrôleur technique ou les bureaux d'études pour la conception et la réalisation de l'ouvrage. Une fois obtenus tous les documents nécessaires au démarrage des travaux (notamment le permis de construire), le promoteur doit chercher des financements s'il ne dispose pas de liquidités suffisantes (emprunt, acquéreurs qui paient le prix de leur appartement au fur et à mesure de l'édification du programme, ces versements étant réglementés etc.). Il confie alors la réalisation de la construction à des entreprises de travaux dont il vérifie les polices d'assurance. L'architecte choisi par le promoteur comme maître d'œuvre d'exécution suit les travaux, fait contrôler la conformité réglementaire et contractuelle de la réalisation, signale les réserves aux entreprises de travaux lors de la réception de l'ouvrage et veille à ce qu'elles les lèvent. La dernière phase est celle de la livraison des logements aux acquéreurs.

1. www.economie.gouv.fr/dgccrf/controle-des-nouveaux-intermediaires-limmobilier

Promoteur vendeur, promoteur mandataire, promoteur immobilier, promoteur foncier… De quoi parle-t-on ?

Le « promoteur immobilier » achète des terrains prêts à accueillir des travaux de construction. Il peut également acheter des propriétés déjà construites qu'il décidera de redévelopper, soit en les améliorant, soit en rasant pour reconstruire. S'il procède pour son propre compte, il est un « promoteur vendeur ». S'il n'investit pas ses fonds propres dans le capital de l'opération, mais pour le compte d'autres personnes qui le rémunèrent, il est un « promoteur mandataire ».
Le « promoteur foncier » achète des terrains dit « non viabilisés » ou partiellement aménagés. Il est chargé de construire les canalisations, raccorder l'électricité ou terrasser le terrain afin de vendre ensuite la totalité du terrain ou une partie de sa superficie.

Si l'on souhaite acheter dans le neuf, rien n'oblige à recourir à un promoteur immobilier. Mais son intervention présente plusieurs avantages. « Maître d'ouvrage délégué » aux termes de la loi, le promoteur a la maîtrise totale de l'opération de construction. Il est donc l'interlocuteur unique de l'accédant à la propriété qui n'a plus à se soucier des différentes phases du projet : conception, faisabilité, recherche et acquisition du terrain, souscription de garanties multiples, choix des entrepreneurs, etc. L'acquéreur accède à son logement « clé en main ».

Exécutant un contrat rigoureusement réglementé (la vente en l'état futur d'achèvement, ou « VEFA »), le promoteur a également l'obligation d'offrir plusieurs garanties : garantie d'achèvement, assurance responsabilité civile professionnelle, garantie décennale.

Mais, en contrepartie, l'acquéreur ne dispose pas d'autre possibilité de personnaliser sa future résidence, dont les plans sont souvent standardisés. Il n'a pas non plus la possibilité de contrôler l'état d'avancement des travaux. Or ceux-ci peuvent, en pratique, connaître des retards.

FICHE 25

Interview de Jean-Philippe Ruggieri : « Le promoteur immobilier, un conseil pour bien acheter dans le neuf »

Si l'acquisition d'un logement est souvent l'achat d'une vie, le projet requiert en outre une compétence certaine lorsque l'on souhaite faire construire : trouver un terrain, s'assurer de sa constructibilité, sélectionner des entreprises de travaux... autant d'étapes au cours desquelles il faut être capable de mettre en balance les différentes options possibles et de surveiller leur mise en œuvre. Selon Jean-Philippe Ruggieri, Directeur général délégué de Nexity, le promoteur immobilier peut procurer un accompagnement précieux à l'accédant à la propriété, car il met à sa disposition toute son expertise, de la conception à la réalisation du projet.

Quel est le rôle d'un promoteur immobilier ?

Dans son offre à destination des particuliers, Nexity développe une activité de promotion de logements neufs. Notre rôle est d'obtenir les autorisations d'urbanisme, d'acheter les terrains, de financer les travaux de construction et de garantir les ouvrages dans les conditions prévues par le Code civil. Nous vendons alors les logements en VEFA (Vente en état futur d'achèvement). Nous accompagnons nos clients dans toutes les étapes de la réalisation de leur projet immobilier, depuis la recherche de la meilleure offre de financement jusqu'à l'emménagement ou la mise en location.

L'acquéreur signe un contrat de réservation, moyennant le versement d'un dépôt de garantie, et dispose d'un délai de rétractation de 7 jours. La vente est ensuite définitivement enregistrée par la signature de l'acte authentique devant un notaire. Le paiement du logement se fait par appels de fonds, échelonnés au fur et à mesure de l'état d'avancement de la construction : 35 % à l'achèvement des fondations, 70 % à la mise hors d'eau, 95 % à l'achèvement, 100 % à la livraison.

En quoi le promoteur immobilier peut-il accompagner le particulier qui souhaite acquérir son logement ou investir ?

En matière d'immobilier neuf, nos clients achètent sur plan et il est parfois difficile pour eux de se projeter dans leur futur logement. Pour simplifier leur projet et le rendre plus concret, nous avons mis en place toute une série d'outils. Nous avons ainsi développé un configurateur de logement qui leur permet de visualiser toutes les possibilités de personnalisation de leur logement et leur apporte en même temps une réponse immédiate et transparente en matière de coût des options de travaux modificatifs. Dans la même logique, notre espace privé client MyNexity.fr permet à chacun de nos clients de suivre l'avancement de son projet et de consulter l'ensemble de son dossier quand il le souhaite.

Notre statut de première plateforme de services à l'immobilier nous permet également de proposer à nos clients des services complémentaires et des garanties qui sécurisent encore davantage leur achat immobilier : protection revente, assistance 24 h/24 et mise en location, notamment.

Cet accompagnement varie-t-il selon les différentes cibles de clientèle ?

La stratégie de Nexity a toujours été de produire des logements abordables correspondant aux besoins réels de nos clients, qu'il s'agisse d'accession à la propriété, d'investissement locatif classique ou de résidences gérées thématiques (dédiées, notamment, aux séniors ou aux étudiants).

C'est pourquoi nous nous adaptons aux spécificités de chaque client pour lui proposer, bien sûr, le bon produit au meilleur prix possible en travaillant sur la maîtrise de la qualité et des coûts, et sur le prix de revient technique. Et nous continuons à imaginer le futur du logement en travaillant sur de nouvelles approches, en intégrant les nouveaux usages et en rendant les bâtiments intelligents.

Quelles sont les garanties qui accompagnent l'intervention d'un promoteur immobilier ?

La principale garantie est une garantie financière délivrée par les banques, dite « garantie d'achèvement », qui protège l'acquéreur contre les éventuelles défaillances du vendeur qui pourraient intervenir entre la signature du contrat et la prise de possession de l'immeuble acquis.

À celle-ci s'ajoutent les garanties « constructeur » : l'assurance « dommages ouvrage » contractée par le maître d'ouvrage et permettant d'être indemnisé rapidement en cas de sinistre dans les 10 ans suivant la réception des travaux ; la garantie de parfait achèvement d'une durée d'un an suivant la réception, due par les entreprises au maître d'ouvrage ; la garantie de bon fonctionnement, d'une durée de 2 ans, couvrant tous les équipements dissociables que l'on peut enlever et déplacer de la construction, comme les radiateurs, ballons d'eau chaude… et enfin la garantie décennale qui couvre les désordres qui mettraient en cause la solidité de la structure (fondations, toiture, étanchéité…).

Faut-il choisir un promoteur local ou national ? Comment choisir entre les différents promoteurs présents sur le marché ?

Nexity est un promoteur national, implanté sur le territoire au travers de plus de 20 filiales. Chaque projet est suivi par des équipes locales, présentes physiquement à proximité des programmes immobiliers neufs que nous commercialisons, avec des collaborateurs qui connaissent le quartier et le marché immobilier autour des opérations. C'est ce qui compte et qui fait vraiment la différence.

Comment réaliser l'opération ?

Mener l'opération d'acquisition proprement dite implique de la financer. De la donation au « coup de pouce » de l'État, il existe de multiples solutions pour alléger le coût de l'acquisition immobilière (fiche 26). Mais, dans la plupart des cas, elles ne suffiront pas à boucler le budget et l'accédant devra trouver un crédit immobilier, contrat dont la conclusion répond à de nombreuses prescriptions légales et réglementaires (fiche 27) et s'accompagne de la constitution de garanties qui ne présentent pas toutes les mêmes avantages (fiche 28). De même, selon que l'on achète seul ou en couple (fiche 29), voire à plusieurs (fiche 30), certaines précautions doivent être prises.

Si une vente immobilière suit en principe certaines étapes (fiche 31), le recours à des modalités particulières de vente, comme l'achat en viager (fiche 32) ou aux enchères (fiche 33), peut parfois bouleverser le schéma classique. Dans tous les cas, l'acquisition d'un bien immobilier entraîne, pour le vendeur comme pour l'accédant, des frais qui ne se résument pas aux frais dits « de notaire » et qui doivent être répartis selon des modalités sur lesquelles les parties n'ont pas toujours prise (fiche 34). Véritable maître d'œuvre de l'acte de vente immobilière, le notaire intervient pour guider les parties, mais aussi pour les conseiller (fiche 35).

Quant à l'appartement ou à la maison qui correspondent au rêve de chacun, ils sont évidemment aussi variés que les accédants eux-mêmes. D'un point de vue juridique, certaines modalités de choix emportent une vigilance particulière. Les points à vérifier ne sont évidemment pas les mêmes selon que l'on achète dans l'ancien (fiche 36) ou que l'on fait construire une maison neuve (fiche 37), selon que l'on acquiert un bien avec travaux (fiche 38) ou que l'on transforme un local commercial en habitation (fiche 39). Et lorsque c'est sur un logement participatif que se porte le choix – en rupture avec les habitudes individualistes qui motivent le plus souvent l'accédant à la propriété –, la conclusion du contrat doit, là encore, répondre à certaines contraintes (fiche 40).

FICHE 26

Devenir propriétaire sans mettre la main à la poche… c'est possible ?

Si plus de 80 % des accédants doivent solliciter un financement bancaire[1], certains disposent d'un apport personnel important. Parfois constitué à force d'épargne, cet apport peut aussi provenir, en tout ou en partie, de l'aide financière de la famille. D'autres sources peuvent encore aider à compléter le plan de financement, les aides publiques et l'employeur notamment. Si vous voulez alléger le coût de votre acquisition, voici la marche à suivre.

Profiter d'un coup de pouce familial

Le recours à l'aide financière de la famille est encouragé par les règles fiscales. Les donations de toute nature entre parents et enfants sont en effet exonérées de droits à hauteur de 100 000 € tous les 15 ans. De même, les dons de sommes d'argent sont exonérés à condition que la somme en cause soit inférieure à 31 865 €, transmissible sur 15 ans, que le parent soit âgé de 80 ans au plus et le bénéficiaire de 18 ans au moins. Le concours familial est extrêmement fréquent puisque, selon l'Insee, 25 % des accédants récents âgés de 25 à 44 ans ont bénéficié d'un don en 2013.[2]

> « La famille, votre employeur ou l'État peuvent vous aider

Un prêt intra-familial peut aussi être envisagé. Mais attention : les parties ont intérêt à établir une reconnaissance de dette, sous peine de voir l'opération requalifiée en donation déguisée. Le document, qui doit notamment préciser les nom, prénom et date de naissance du débiteur et du créancier, le montant de la somme prêtée, indiqué en chiffres et en lettres (en cas de différence entre les deux, seule la somme écrite en toutes lettres est prise en compte), la date à laquelle le paiement de la dette sera exigible, et s'il est prévu, l'indication du taux d'intérêt doit aussi être daté puis signé par le débiteur. Cette reconnaissance peut être établie sous forme d'acte authentique par un notaire ou d'acte sous seing privé.

Mettre son employeur à contribution

L'employeur peut aussi être d'un certain secours. Les fonctionnaires bénéficient par exemple de prêts spécifiques sous conditions de ressources et en complément d'un prêt conventionné ou d'un prêt d'accession sociale. Quant aux salariés du secteur privé, ils ont accès, si leur employeur cotise au Comité interprofessionnel du logement, à un « Prêt Action Logement » (anciennement appelé « 1 % Logement »).

---

1. Observatoire des crédits aux ménages, 29e rapport, 2016, p. 4.
2. Insee, Les conditions de logement en France, édition 2017.

De même, les caisses de retraite complémentaire et mutuelles de retraite proposent des prêts aidés, dont les conditions (montant maximum, taux, durée de remboursement, etc.) sont souvent plus intéressantes que celles appliquées aux prêts bancaires classiques.

Solliciter l'État

L'État, comme les collectivités locales (région, département, agglomération, commune), a mis en place différents dispositifs de soutien aux acquéreurs. Ceux-ci sont, pour la plupart, accessibles sous conditions de ressources et réservés à l'acquisition d'une résidence principale, neuve ou ancienne. Il en est ainsi du prêt à taux zéro (PTZ), du prêt d'accession sociale (PAS) ou de la TVA à taux réduit applicable aux logements neufs acquis par les primo-accédants dans les « zones Anru » (Agence nationale de rénovation urbaine). Toutefois, la tendance, depuis 2018, est au recentrage des mesures fiscales sur les zones géographiques les plus tendues.

Les caisses d'allocations familiales proposent, de même, des prêts aidés pour l'acquisition d'un logement, selon la taille de la famille de l'emprunteur.

Pour obtenir une aide, où se renseigner ?

- Sur l'ensemble du financement du projet immobilier, auprès de l'ANIL (Agence nationale pour l'information sur le logement) : www.anil.org
- Sur les prêts aux salariés du secteur privé : www.actionlogement.fr
- Sur l'accession à la propriété en zone Anru : www.anru.fr

Mais l'enveloppe de l'aide obtenue par le biais des pouvoirs publics, des organismes sociaux ou de son employeur est limitée. Si bien que l'on n'aura pas d'autre choix, souvent, que de contracter tout de même un prêt immobilier. Compte tenu des évolutions des taux d'intérêt sur le marché, les prêts classiques peuvent d'ailleurs s'avérer plus intéressants que les prêts aidés, dont les taux sont réglementés.

Et si je dois passer par la banque ?

Compte tenu des sommes en jeu et de la durée – souvent longue – de remboursement du prêt, le législateur a veillé à encadrer strictement la formation et l'exécution du contrat de crédit immobilier. Une ordonnance du 25 mars 2016 a en particulier renforcé les obligations des banques, notamment en matière d'information préalable.

Un crédit immobilier, c'est quoi ?

Le crédit immobilier est celui contracté par un emprunteur (personne physique ou morale) en dehors de son activité professionnelle en vue de financer :

- l'achat de la propriété ou de la jouissance d'un immeuble d'habitation ou à usage mixte ;
- les dépenses relatives à sa construction ;
- la souscription de parts de sociétés immobilières donnant droit à l'attribution en propriété ou en jouissance d'un tel immeuble.

A contrario, les prêts contractés pour assurer la réparation, l'amélioration ou l'entretien d'un bien immobilier relèvent, depuis le 1er juillet 2016, du crédit à la consommation, sauf s'ils sont garantis par une hypothèque ou une sûreté comparable.

Il est important de bien déterminer si un prêt relève ou non de la règlementation sur le crédit immobilier. Cette règlementation, très protectrice de l'emprunteur, est en effet impérative. Faute de la respecter, la banque risque de lourdes sanctions pouvant aller jusqu'à la déchéance du droit aux intérêts (par exemple en cas de non-communication de la FISE, voir paragraphe suivant).

> **« Pas de crédit immobilier pour la réparation de la maison !**

Informer et expliquer : des obligations pour la banque

Le prêteur est tenu, vis-à-vis de l'emprunteur potentiel, d'une obligation d'information. Il doit ainsi, avant même la conclusion du crédit :

- remettre à l'emprunteur une Fiche d'information standardisée européenne (FISE) permettant de comparer les différentes offres de crédit disponibles ;
- offrir gratuitement à l'emprunteur des explications afin de lui permettre de déterminer si le ou les crédits proposés sont adaptés à ses besoins et à sa situation financière ;
- le cas échéant, le mettre en garde contre les risques spécifiques présentés par tel ou tel crédit (par exemple en cas de défaut de paiement).

Bien sûr, la banque peut opposer un refus de prêt. Un tel refus entraînera la caducité de la promesse de vente car l'avant-contrat est soumis à une condition suspensive liée à l'obtention du prêt immobilier. En d'autres termes, la vente ne sera pas signée chez le notaire et l'acquéreur récupérera l'indemnité d'immobilisation qu'il avait versée. Si le montant du prêt refusé est égal ou supérieur à 10 % du crédit total, les autres prêts demandés pour la même vente seront annulés.

Le banquier est tenu d'analyser la solvabilité de l'acquéreur

La banque ne doit pas accorder le crédit de manière irresponsable : elle doit vérifier les ressources (revenus, épargne, actifs) de l'emprunteur, ses engagements (dépenses, dettes) et consulter à son sujet le fichier des incidents de paiement (FICP).
En complément, elle peut aussi faire procéder à l'évaluation du bien à financer par un expert immobilier. Si le prix d'acquisition lui paraît excessif, elle peut limiter son offre de prêt à la valeur réelle du bien, obligeant ainsi l'emprunteur à acquitter lui-même le solde du prix de vente... ou à renoncer à la vente, moyennant le versement d'une indemnité d'immobilisation.

L'offre de prêt et son acceptation

Lorsque la banque décide d'accorder le crédit, elle doit remettre une offre écrite à l'emprunteur par courrier ou « sur un support durable » (C. consommation, art. L. 313-24). L'offre reprend l'ensemble des caractéristiques du prêt : identité des parties, nature, objet, montant et modalités du prêt, coût total, taux annuel effectif global (TAEG), coût des assurances, garanties exigées, etc. Si un taux variable est prévu, l'offre doit en outre être accompagnée :

- d'une notice présentant les conditions et modalités de variation du taux d'intérêt ;
- d'un document d'information incluant une simulation de l'impact de ce taux sur les mensualités, la durée du prêt et le coût total du crédit.

Taux fixe, taux variable, TAEG : késako ?

Taux fixe : le montant des intérêts versés est constant sur toute la durée du contrat. Cette formule permet de connaître le coût du crédit dès le début de l'emprunt et durant toute sa durée.
Taux variable (ou révisable) : le taux est révisé, à chaque date anniversaire du prêt, suivant un indice de référence (généralement l'indice Euribor). Le taux est dit « capé » lorsqu'il est plafonné (à la hausse et/ou à la baisse). Cette formule, qui oblige le prêteur à porter annuellement à la connaissance de l'emprunteur le montant du capital restant à rembourser, permet de profiter des fluctuations du marché à la baisse et impose de les subir en cas de hausse.
TAEG : le Taux annuel effectif global vise à donner à l'emprunteur une juste idée du coût de son crédit. On ne peut en effet pas comparer le prix d'un crédit en se basant sur le seul taux d'intérêt contractuel. Celui-ci ne mesure que les intérêts dus mensuellement à la banque, alors que le coût d'un crédit comprend aussi : les frais de dossier, voire de courtage, le coût de l'éventuelle expertise du bien immobilier, les primes d'assurance, la mise en place de la garantie, etc. On ne peut pas non plus se contenter d'additionner l'ensemble de ces coûts, car certaines sommes doivent être payées immédiatement (frais de dossier, garantie) et

d'autres ultérieurement (primes d'assurances à venir). Or, 1 € aujourd'hui a sans doute plus de valeur que 1 € dans 10 ans. C'est pourquoi le TAEG intègre, outre les intérêts proprement dits, les frais, commissions ou rémunérations de toutes natures, directs ou indirects, et tient compte des différentes dates de paiement. Le TAEG apparaît obligatoirement dans la FISE et dans les documents contractuels.

Valable pendant au moins 30 jours, l'offre ne peut, à peine de nullité, être acceptée par l'emprunteur avant l'écoulement d'un délai de réflexion de 10 jours. Une offre reçue le 1er jour du mois ne peut donc être acceptée avant le 11e jour de ce mois.

Que se passe-t-il si je rembourse plus tôt que prévu ?

Le remboursement anticipé du prêt est en principe possible. Le contrat peut cependant interdire tout remboursement partiel d'un montant inférieur ou égal à 10 % du montant initial du prêt (sauf pour le solde). Il est aussi possible de subordonner le remboursement anticipé au versement d'une indemnité (à l'exception de certains cas : décès, licenciement, etc.). L'indemnité ne peut alors excéder la valeur d'un semestre d'intérêt sur le capital remboursé, ni dépasser 3 % du capital restant dû. Mais rien n'interdit de négocier le montant de cette indemnité au moment de la souscription du prêt !

L'emprunteur peut aussi essayer de renégocier le prêt. Dans un tel cas, un avenant doit être signé dans les mêmes conditions que pour une offre nouvelle et prévoir :

- un échéancier des amortissements, détaillant pour chaque échéance le capital restant dû ;
- le TAEG ainsi que le coût du crédit calculés sur la base des seules échéances et frais à venir.

Et si je ne suis plus capable de rembourser du tout ?

En cas de défaut de paiement à l'échéance prévue, le prêteur peut exiger :

- le capital restant dû ;
- les intérêts échus ;
- les intérêts de retard des sommes dues jusqu'à leur règlement, au taux du prêt indiqué dans le contrat ;
- une indemnité, dans la limite de 7 % du capital restant dû et des intérêts échus restant à payer ;
- le remboursement, sur justification, des frais taxables (certains frais de procédure) occasionnés au prêteur par la défaillance de l'emprunteur que le tribunal laisse à la charge du perdant : les dépens (émoluments des secrétariats, frais de mesures d'instruction, etc.).

Pour l'emprunteur, mieux vaut donc essayer d'obtenir un arrangement amiable avec la banque. Si cela s'avère impossible, il peut encore demander au tribunal d'instance un délai dit « de grâce », correspondant au report du montant des échéances ou à un échelonnement de la dette. Ce délai ne peut dépasser une période de 2 ans maximum, non renouvelable. Mais le juge peut décider que les sommes correspondant aux échéances reportées porteront intérêt à un taux réduit, au moins égal au taux d'intérêt légal, ou que les paiements s'imputeront d'abord sur le capital.

En cas de difficultés financières graves et répétées, il peut être préférable, pour le débiteur, de s'orienter vers le dépôt d'un dossier de surendettement devant une commission départementale.

FICHE
28

Les garanties du crédit immobilier : laquelle choisir ?

Pour souscrire un crédit immobilier, il faut montrer patte blanche : après avoir exigé un apport minimum, vérifié le taux d'endettement de l'emprunteur et sa stabilité professionnelle, la banque réclamera non seulement au candidat acquéreur la constitution d'une garantie de remboursement, mais aussi le recours à une assurance spécifique. Or, toutes les formules ne présentent pas les mêmes avantages.

L'hypothèque

Cette garantie est dite « réelle » car elle porte sur un bien : le logement (ou le terrain) acquis grâce au prêt. Ce bien est affecté au remboursement du prêt, ce qui signifie qu'il peut être saisi et vendu aux enchères en cas de défaillance de l'emprunteur.

Surtout utilisée dans le cas où le prêt est débloqué en plusieurs fois (vente en l'état futur d'achèvement, dite « VEFA », construction d'une maison individuelle, etc.) ou à l'occasion de la renégociation d'un prêt, cette formule est la plus coûteuse. L'hypothèque doit en effet être constituée au moyen d'un acte notarié dont les frais d'établissement (émoluments du notaire, frais de formalités, contribution de sécurité immobilière, droits d'enregistrements et taxe de publicité foncière proportionnelle, etc.) sont à la charge de l'emprunteur. Toutefois, des tarifs préférentiels sont appliqués pour certains prêts (prêts conventionnés, PEL, etc.).

En outre, lorsque l'emprunteur revend son bien avant le terme du crédit, il lui faut acquitter des frais dits de « mainlevée d'hypothèque » (voir fiche 34) proportionnels au montant initial du prêt, afin d'obtenir la radiation de l'inscription d'hypothèque.

Le privilège de prêteur de deniers, c'est quoi ?

Il s'agit d'une garantie proche de l'hypothèque. Comme l'hypothèque, elle permet au créancier de saisir le bien et de le vendre par voie judiciaire si l'emprunteur ne parvient pas à rembourser ses échéances de prêt. Le « privilège de prêteur de deniers » (PPD) est toutefois moins coûteux car, même s'il doit être constaté par acte notarié et inscrit au service de la publicité foncière, il est exonéré de taxe de publicité foncière. En revanche, le PPD a un champ d'application plus limité : il ne peut être utilisé que pour le financement d'un terrain et/ou d'un bien déjà construit, non pour le financement de travaux ou d'une construction.

Le cautionnement

Le cautionnement constitue une garantie « personnelle », ce qui signifie qu'il pèse sur une personne, appelée la « caution ». Celle-ci devra rembourser le prêt en lieu et place de l'emprunteur si ce dernier est défaillant. Ne nécessitant pas d'acte notarié ni de frais de mainlevée, cette garantie s'avère, pour l'emprunteur, moins onéreuse qu'une hypothèque.

Deux formules sont possibles :

- soit l'emprunteur fait appel à une société de cautionnement mutuel. Cette solution a la faveur des banques, assurées d'obtenir le remboursement du crédit sans contentieux. Mais elle oblige l'emprunteur à verser à la société une commission, ainsi qu'une contribution à un fonds mutualiste (contribution dont tout ou partie pourra être récupéré par l'emprunteur à l'issue du prêt). En outre, l'emprunteur doit, pour bénéficier de ce type de garantie, présenter à l'organisme de cautionnement un dossier suffisamment solide ;

Bon à savoir

Certaines mutuelles d'assurance ou de prévoyance proposent un service de cautionnement avantageux à leurs bénéficiaires. C'est le cas des mutuelles de la Fonction publique (Éducation nationale, RATP, police, etc.) qui acceptent de se porter caution des prêts souscrits par les fonctionnaires auprès de certaines banques.

- soit l'emprunteur fait appel à une caution personne physique. Cette solution est plus rare en raison des risques consentis par la caution : celle-ci accepte en effet d'engager tous ses biens personnels, ses revenus, salaires ou pensions, à l'exception d'un minimum égal au revenu de solidarité active. Les risques sont encore plus importants lorsque la banque demande un cautionnement « solidaire » :
  - en cas d'incident, la banque peut exiger de la caution le remboursement des échéances sans avoir à poursuivre prioritairement l'emprunteur, ni constater son insolvabilité,
  - si plusieurs personnes se sont portées cautions, la banque peut, à son choix, s'adresser à n'importe laquelle pour lui demander de rembourser la totalité de la dette.
  - C'est pourquoi la loi a prévu que l'acte de cautionnement réponde, à peine de nullité, à des conditions formelles strictes (forme écrite, mentions obligatoires, etc.) destinées à faire prendre conscience à la caution personne physique, afin de la protéger, de la portée de son engagement. En outre, la banque ne pourra se prévaloir d'un acte manifestement disproportionné par rapport aux revenus ou au patrimoine de la caution au moment de la signature de l'acte. L'établissement de crédit est, enfin, tenu d'informer la caution de tout incident de paiement pendant la durée du prêt, ainsi que des sommes restant à rembourser.

Le nantissement

Le nantissement est un contrat par lequel l'emprunteur remet une chose à la banque en garantie de sa dette. En matière de crédit immobilier, le nantissement consiste à bloquer une somme d'argent d'un montant équivalent à celui du prêt pendant la durée de remboursement, sous la forme d'un placement financier peu risqué (souvent un contrat d'assurance-vie majoritairement composé d'obligations). En cas de non-remboursement du prêt, la banque peut saisir et vendre ces valeurs pour se rembourser.

Mais cette garantie reste bien moins pratiquée que l'hypothèque ou le cautionnement. Elle est surtout utilisée pour les prêts *in fine*, c'est-à-dire ceux par lesquels l'emprunteur n'est tenu que des intérêts durant la durée du crédit, tandis que le capital est remboursé en une seule fois au terme du contrat. Par ailleurs, l'emprunteur doit disposer d'un patrimoine suffisant pour donner en garantie des placements déjà réalisés, ou en constituer un affecté à la seule garantie du prêt.

L'assurance

Outre les garanties précédemment évoquées, la banque subordonne l'octroi du prêt à la souscription, par l'emprunteur, d'une assurance couvrant les risques de décès, d'invalidité et d'incapacité de travail. Acquittée chaque mois, la prime d'assurance s'ajoute à la mensualité de crédit et constitue donc un coût supplémentaire.

Si l'acquisition est faite par des co-emprunteurs (notamment un couple), il est toutefois possible d'assurer chacun en fonction de ses revenus :

- ainsi, lorsque la rémunération mensuelle de l'un représente 60 % des revenus du couple et que l'autre en procure 40 %, l'assurance peut être répartie à 60 % sur le premier et à 40 % sur le second. En cas de décès du premier, l'autre ne remboursera plus le prêt qu'à hauteur de 40 % ;
- si, au contraire, chacun est assuré à 100 %, le crédit sera totalement remboursé par l'assurance en cas de décès de l'un des deux. Mais cette dernière solution, très avantageuse pour les assurés, impose évidemment de verser des primes d'assurance plus élevées.

Pour limiter ce surcoût, il est opportun de comparer les offres des sociétés d'assurance. L'« assurance groupe » proposée par la banque en complément du crédit immobilier n'est en effet pas obligatoire : on peut opter pour une « délégation d'assurance », c'est-à-dire souscrire un contrat auprès de l'assureur de son choix. Si l'assurance choisie propose des garanties équivalentes à l'assurance groupe, le prêteur ne peut ni majorer son taux d'intérêt, ni s'opposer au choix de l'emprunteur. Dès la première simulation de prêt, la banque doit d'ailleurs remettre à l'emprunteur :

- une notice et une fiche d'information standardisée européenne (FISE) comprenant les garanties d'assurance qu'elle exige pour l'octroi du prêt, ainsi qu'un exemple chiffré du coût de l'assurance, afin de permettre la comparaison des offres d'assurance ;
- une fiche personnalisée contenant les critères qu'elle considère équivalents aux garanties proposées par le contrat d'assurance groupe.

L'assurance emprunteur souscrite peut être résiliée par l'emprunteur, notamment s'il trouve une meilleure offre, soit à tout moment dans les 12 mois suivant la signature de l'offre de prêt, soit – ultérieurement – 2 mois avant l'échéance du contrat d'assurance. La nouvelle assurance doit présenter un niveau de garantie équivalent, toute décision de refus du prêteur devant être motivée (pour un contrat souscrit avant le 23 février 2017, cette faculté peut être exercée, aux mêmes conditions, depuis le 1er janvier 2018).

Que faire si je n'arrive pas à trouver d'assurance ?

Il se peut que l'état de santé de l'emprunteur ne lui permette pas de trouver une assurance répondant aux conditions dites « standard ». La mise en place d'une convention AERAS (S'Assurer et Emprunter avec un Risque Aggravé de Santé) par les pouvoirs publics, les banquiers, les assureurs et les associations de malades et de consommateurs, peut toutefois permettre de s'assurer sans exclusion ni majoration tarifaire, sous certaines conditions.
Si l'emprunteur ne peut souscrire d'assurance emprunteur, il peut aussi proposer à la banque une alternative en constituant une garantie personnelle (cautionnement) ou réelle (nantissement, hypothèque sur un bien immobilier dont il est déjà propriétaire). La banque appréciera la valeur de cette garantie alternative.

FICHE 29

Acheter en couple : même amoureux, soyez prévoyants !

La maison ou l'appartement acheté à deux est soumis à un régime distinct selon que les membres du couple sont mariés, partenaires de Pacs ou simples concubins : non seulement en ce qui concerne les droits de chacun, mais aussi s'agissant du sort du logement en cas de séparation ou de décès. Mieux vaut se renseigner avant l'acquisition.

Quels seront les droits de chacun sur le bien ?

Pas de réponse unique à cette question : tout dépend du statut de votre couple.

1er cas : vous êtes mariés sous un régime de communauté

C'est le cas de la majorité des époux, et notamment de ceux qui n'ont pas pensé ou souhaité rédiger un contrat de mariage. Si le couple finance l'acquisition grâce à ses économies ou à un prêt souscrit à deux, le bien est commun aux deux époux.

Mais les choses ne sont pas aussi simples dès lors que le prix n'a pas été entièrement payé grâce à des fonds communs :

> **« C'est le régime auquel le couple est soumis qui détermine les droits de chacun sur le bien immobilier.**

- soit l'un des époux a versé la majorité du prix avec des fonds « propres » (reçus par donation, succession ou provenant d'économies antérieures au mariage). Le bien appartient alors à cet époux mais celui-ci devra, à la dissolution du mariage (séparation ou décès), rembourser la partie du prix qui a été payée grâce à des fonds communs ;
- soit l'un des époux a versé moins de 50 % du prix à l'aide de fonds propres. Le bien reste commun, mais cet époux devra être indemnisé au moment de la dissolution du mariage.

2e cas : vous êtes mariés sous un régime de séparation de biens

En l'absence de tout patrimoine commun, dès lors que l'un des époux acquiert un bien seul pendant le mariage, celui-ci lui appartient en totalité.

Mais les deux époux peuvent aussi acquérir ensemble en indivision : le bien appartient alors à chacun suivant les quotes-parts définies dans l'acte de vente. Pour éviter les contestations en cas de dissolution du mariage, le plus prudent est que ces quotes-parts reflètent la réalité du financement apporté par chacun.

3e cas : vous êtes pacsés

Le sort du bien dépend du type de Pacs :

- pour les Pacs conclus avant le 1er janvier 2007, le bien est automatiquement soumis au régime de l'indivision des acquêts (chacun en est propriétaire pour moitié), sauf stipulation contraire de l'acte de vente ;
- pour les Pacs conclus après cette date, chacun conserve un patrimoine séparé et est seul propriétaire des biens qu'il acquiert seul. Si les deux partenaires acquièrent ensemble, c'est le régime de l'indivision ordinaire qui s'applique (comme pour des époux séparés de biens ou des concubins).

Le couple peut aussi opter pour le régime spécifique de l'indivision : tous les biens acquis à compter de la conclusion du Pacs appartiennent alors aux deux partenaires, à concurrence de 50 % chacun.

4e cas : vous êtes concubins

Le régime de l'indivision dite « ordinaire » s'applique aux biens acquis ensemble par des concubins : ceux-ci sont propriétaires du bien suivant les quotes-parts indiquées dans l'acte de vente.

Faire fonctionner une indivision, c'est compliqué !

Les règles de fonctionnement d'une indivision ordinaire présentent des inconvénients. Ainsi :

- les décisions les plus importantes doivent être prises à l'unanimité. Par exception, lorsque la vente d'un bien indivis est bloquée par l'un des indivisaires, l'autorisation de vendre doit être demandée au tribunal de grande instance par les autres indivisaires représentant au moins les deux tiers des droits indivis, et l'intervention du notaire est obligatoire. En cas de désaccord, il existe donc un risque de blocage ;
- chaque indivisaire est tenu de régler, à proportion de sa quote-part, les dettes de l'indivision (impôts, entretien, etc.), ce qui constitue fréquemment une source de conflits ;
- la loi posant que « nul ne peut être contraint à demeurer dans l'indivision », tout indivisaire peut, à tout moment, vendre sa quote-part. Les autres ne peuvent s'y opposer, même s'ils disposent d'une priorité pour racheter cette quote-part. Si personne n'est intéressé (ni un autre indivisaire, ni un tiers), le bien doit être vendu.

Il est cependant possible de limiter ces désagréments au moyen d'une convention dite « d'indivision », précisant les règles qui devront être suivies en cas de difficulté. À peine de nullité, cette convention doit être établie par écrit, lister les biens indivis et préciser les droits de chaque indivisaire.

La convention d'indivision a pour but d'organiser la gestion de l'indivision et d'en fixer les règles du jeu. Les indivisaires peuvent aménager la répartition de leurs dépenses, nommer un gérant (choisi ou non parmi eux), arrêter le montant d'une indemnité d'occupation (si l'un d'entre eux occupe seul le bien, par exemple), etc. Le conseil d'un notaire pour bien rédiger la convention est recommandé.

Il faut en particulier veiller à déterminer soigneusement la durée de la convention. Si elle est conclue pour une durée déterminée (5 ans au maximum, mais librement renouvelable ou tacitement reconductible), cela implique que les indivisaires ne pourront y mettre fin avant l'échéance prévue. À durée indéterminée, la convention pourra au contraire être résiliée par tout indivisaire lorsqu'il le souhaite. Ici, « durée indéterminée » équivaut donc à « précarité » !

Que devient le bien en cas de séparation ?

Lorsque le bien a été acquis par le couple, celui-ci peut le conserver en indivision. Il peut aussi être convenu que l'un rachète la part de l'autre.

Si le couple décide de vendre le bien, le prix sera réparti différemment selon les situations.

Dans le cas d'un bien commun à deux époux, on considère que le prix de vente entre dans le patrimoine commun, c'est-à-dire le patrimoine qui sera liquidé à l'issue du divorce. Les dépenses éventuellement financées par l'un des époux sur ses fonds propres seront prises en compte pour calculer la part du patrimoine revenant à chacun.

Dans le cas d'un bien indivis soumis aux règles de l'indivision ordinaire, le prix est en principe partagé en fonction des quotes-parts indiquées dans l'acte par lequel les époux sont devenus propriétaires ou, à défaut de proportions indiquées, par moitié. Mais cette règle peut trouver une exception si l'un des membres du couple parvient à établir que sa contribution financière a excédé sa quote-part (par exemple s'il a contribué à hauteur de 70 % alors que sa quote-part, constatée dans l'acte, n'est que de 50 %).

Si le bien est soumis au régime d'indivision du Pacs, le prix est partagé par moitié avec cette particularité qu'aucun recours n'est possible, même si la contribution des deux partenaires a en réalité été inégale.

Et si l'un des deux décède ?

Le survivant reste propriétaire de la quote-part qu'il avait acquise.

Celle du défunt a vocation à entrer dans sa succession. Cela signifie que le survivant est souvent condamné à s'entendre avec les héritiers, sauf s'il était le seul bénéficiaire de la succession. Cette situation est évidemment source de conflits.

Heureusement, celui/celle qui était lié(e) au (à la) défunt(e) par un mariage ou un Pacs dispose ici de prérogatives qui permettront d'apaiser bien des conflits :

> **« En cas de décès de l'un des membres du couple, le survivant dispose de certaines prérogatives… à condition d'être marié ou pacsé.**

- le conjoint survivant peut continuer à habiter le logement qui constituait sa résidence principale et à utiliser le mobilier de son conjoint pendant un an à compter du décès ; par la suite, il peut réclamer un droit viager d'occupation (sauf si son conjoint l'en a privé par testament passé devant notaire) ;

- le partenaire de Pacs survivant peut, sauf testament contraire, bénéficier de la jouissance gratuite de sa résidence principale et du mobilier la garnissant pendant un an.

Les règles ne sont pas aussi généreuses pour le simple concubin du défunt. Dans ce cas, le survivant ne dispose d'aucun droit au logement. Le défunt peut lui avoir octroyé, par testament, un droit d'usage et d'habitation ou d'usufruit. Mais ce legs est frappé de droits de succession au taux de 60 % de la valeur du bien ou du droit en cause, et il peut être remis en cause par les enfants du défunt s'il excède la « quotité disponible » (c'est-à-dire la part qui peut être transmise par voie successorale sans porter atteinte à la réserve héréditaire des enfants du défunt).

FICHE 30

Acheter à plusieurs, c'est possible !

Certains peuvent être séduits par la perspective de partager une maison à la campagne avec des amis ou de cohabiter avec parents et/ou enfants. Acheter à plusieurs pourrait aussi être vu comme le moyen de faire baisser le coût de l'accession à la propriété en le mutualisant. Dans tous les cas, il s'avère nécessaire de déterminer selon quelles modalités procéder pour préserver les droits de chacun sur le logement et prévenir les conflits.

Acheter en indivision

L'acquisition d'un bien immobilier en commun est soumise au régime ordinaire (ou légal) de l'indivision. C'est le régime qui s'applique, par défaut, lorsque l'on achète à plusieurs sans avoir opté pour un régime particulier (par exemple par le biais d'une société, voir ci-après) ou sans être soumis à des règles spécifiques (par exemple les époux, voir fiche 29).

Dans le cadre d'une indivision ordinaire, les quotes-parts revenant à chacun doivent être précisées dans l'acte d'acquisition. C'est là une précaution essentielle : à défaut d'une telle mention, chacun disposera de droits équivalents sur le bien... et ce, quel que soit son apport financier.

Mais ce régime oblige les propriétaires de quotes-parts à s'entendre sur plusieurs aspects, notamment les suivants :

- la gestion du bien requiert en principe une décision unanime ;
- chacun peut sortir de l'indivision à tout moment en demandant aux autres de lui racheter sa part... ou en provoquant la vente du bien ;
- les héritiers d'un indivisaire décédé ont vocation à recevoir sa quote-part et c'est alors avec eux qu'il conviendra de s'entendre, etc.

C'est pourquoi il est fortement recommandé de conclure une convention afin d'organiser à l'avance le fonctionnement de l'indivision en ce qui concerne la nomination d'un gérant, les droits et obligations des indivisaires, ou encore les modalités de la transmission des quotes-parts aux héritiers.

Acheter en tontine

La tontine – ou « clause d'accroissement » – est une convention prévoyant que le dernier survivant des acquéreurs sera, après le décès des autres, considéré comme ayant toujours été le seul propriétaire du bien concerné et ce, depuis le jour de l'acquisition. Les héritiers des acquéreurs prédécédés ne pourront donc prétendre à aucun droit.

Alléchante sur le principe, cette formule présente d'importants écueils :

- la gestion du bien exige, là encore, un accord unanime ;

- on ne peut sortir d'une tontine car aucun des acheteurs ne peut obliger les autres à vendre ;
- la tontine ne présente, dans la plupart des cas, aucun avantage sur le plan fiscal (voir encadré ci-dessous).

Dans la tontine, vous n'échapperez pas aux droits de succession !

L'acquéreur survivant doit payer des droits de succession calculés sur le degré de parenté qu'il entretient avec le défunt et la valeur de la part qu'il recueille (gratuit entre époux et partenaires pacsés, 60 % entre concubins après un abattement de 1 594 €).

Par exception, quand le bien constitue la résidence principale des deux acquéreurs au moment du décès et que sa valeur est inférieure à 76 000 €, le survivant ne paie que des droits de mutation à titre onéreux. Mais, s'agissant d'un logement, cette exonération ne concerne en pratique pas grand monde compte tenu des prix de l'immobilier, surtout en région parisienne...

Acheter en constituant une société civile

Dans ce cadre, la société est juridiquement propriétaire du bien, tandis que les personnes physiques ne sont que des associés titulaires de parts sociales.

À l'image de la convention d'indivision, cette formule procure une grande souplesse d'organisation en ce qui concerne la désignation des gérants, la majorité applicable à l'adoption d'une décision de gestion, le sort des parts en cas de décès d'un associé, etc.

Elle n'est cependant pas dépourvue d'inconvénients :

- créer une SCI a un coût (constitution, consultation pour rédiger les statuts, etc.) ;
- la SCI n'est pas éligible à certains prêts comme le prêt à taux zéro ;
- son fonctionnement exige un formalisme que l'on peut trouver pesant : convocation d'une assemblée générale chaque année, tenue d'un registre, etc. ;
- si l'un des associés souhaite revendre ses parts, il lui sera difficile de trouver un acquéreur : qui voudrait acheter des parts pour partager un logement avec des personnes (les associés) qu'il ne connaît pas ?

L'acquisition d'une résidence à plusieurs est donc une opération qu'il convient d'anticiper soigneusement en aménageant, selon le projet et la situation des différents participants, la gestion et la propriété du bien commun.

Procéder à l'achat

FICHE 31

Les grandes étapes d'une vente immobilière

Acquérir un logement est un parcours de longue haleine. Après avoir trouvé le bien qui l'intéresse, l'acquéreur doit encore s'entendre avec le vendeur sur les conditions de la transaction, et notamment le prix du bien, prendre connaissance de la documentation indispensable à la conclusion de la vente, obtenir un crédit immobilier, etc. Cependant, dans la plupart des cas, l'accession à la propriété se réalise sans encombre, car le processus est largement sécurisé par l'intervention du notaire.

Étape 1 : trouver et négocier le bien

Il est important, pour un futur acquéreur, de disposer d'une vision suffisamment large de l'offre immobilière dans le ou les secteurs qu'il a sélectionnés. C'est en effet sur la base d'une comparaison entre les qualités et le prix des biens proposés qu'il pourra non seulement choisir son futur logement mais aussi, une fois son choix arrêté, formuler une offre d'achat.

De nombreux canaux d'accès à l'information immobilière sont aujourd'hui disponibles.

Le candidat à l'accession à la propriété peut se faire aider, dans sa recherche, par un professionnel qui, moyennant une commission ou des honoraires (entre 3 et 8 % du prix de vente), l'accompagnera en particulier dans la négociation du bien (voir fiche 24). Les agents immobiliers sont, sur ce terrain, directement concurrencés par les mandataires immobiliers et les notaires.

Les annonces présentées par les professionnels sont diffusées *via* divers outils : presse spécialisée, sites internet, etc. Mais les nouvelles technologies ont révolutionné la recherche immobilière en offrant des outils (SMS, alertes internet, applications sur smartphones, etc.) permettant de valoriser les annonces (visite virtuelle, simulation de prêt, etc.) ou de suivre l'évolution d'une vente en temps réel (voir fiche 23).

Toutefois, de nombreux biens sont aujourd'hui mis sur le marché et vendus par des particuliers sans l'assistance d'un professionnel de l'immobilier. L'insertion de petites annonces dans les journaux généralistes ou spécialisés constitue, de longue date, un mode efficace de mise en relation de l'acquéreur et du vendeur, au même titre que le bouche-à-oreille assuré par le cercle de connaissances. Certains sites internet, accessibles aux seuls particuliers (Pap.fr) ou aux particuliers comme aux professionnels (Paruvendu.fr), permettent de diffuser l'information auprès du plus grand nombre avec un succès certain. Les sites de petites annonces sont ainsi à l'origine de près d'un tiers des transactions immobilières.

Étape 2 : conclure l'avant-contrat

Une fois le bien trouvé, l'acquéreur peut formuler une offre d'achat : fréquente, cette pratique n'a toutefois rien d'obligatoire.

Si les parties décident de conclure un avant-contrat, l'acte doit préciser toutes les modalités de la vente : prix, conditions suspensives, date de délivrance du bien, etc. Selon les cas, il a pour effet d'obliger le vendeur (« promesse unilatérale de vente ») ou les deux parties (« compromis de vente ») à signer l'acte de vente définitif devant notaire à une date convenue (sauf clause contraire, par exemple une condition suspensive d'obtention d'un prêt). Ainsi, si celui qui a contracté l'obligation de conclure la vente refuse de le faire, l'autre pourra réclamer en justice que la vente soit constatée en exigeant, de surcroît, des dommages et intérêts.

Rien n'oblige à signer cet avant-contrat devant notaire mais, compte tenu du nombre de documents qu'il est nécessaire de réunir dès cette étape et de la complexité des règles applicables, s'adjoindre les services de ce professionnel peut être judicieux. Le notaire pourra à cette occasion délivrer de précieux conseils d'ordre patrimonial (voir fiche 35 relative au rôle du notaire).

Comment choisir son notaire ?

Ce choix est totalement libre. En principe, il suffit de désigner un notaire pour les deux parties, car ce professionnel, neutre en sa qualité d'officier public, a l'obligation de veiller à ce que le contrat de vente soit conclu dans l'intérêt des deux parties. Mais chaque partie peut faire le choix de recourir à son propre notaire, sans que cela influe sur le montant de la rémunération due, car celle-ci est partagée entre les deux professionnels.

Le vendeur doit remettre au notaire un dossier de diagnostic technique comprenant :

- un diagnostic de performance énergétique (DPE) ;
- selon l'ancienneté du bien : le constat de risque d'exposition au plomb ; l'état relatif à l'amiante dans les parties privatives et communes ; l'état des installations de gaz et d'électricité ;
- selon la localisation du bien : l'état parasitaire ; l'état des risques naturels et technologiques ;
- selon la nature du bien : en cas de vente d'un terrain non bâti constructible, le vendeur doit fournir une étude géotechnique (une étude de sol), si le terrain se situe dans une zone exposée au phénomène de mouvement de terrain différentiel consécutif à la sécheresse et à la réhydratation des sols ;
- pour les biens disposant d'un système d'assainissement individuel, le certificat d'assainissement.

Lorsque le bien est un lot de copropriété, il faut en sus fournir certains documents :

- le mesurage de superficie du lot vendu « loi Carrez » ;
- les documents relatifs à l'organisation de l'immeuble (règlement de copropriété ; état descriptif de division ; procès-verbaux des assemblées générales des trois dernières années, etc.) ;

- ceux concernant la situation financière de la copropriété et du vendeur (montant des charges courantes du budget prévisionnel et des charges hors budget prévisionnel dues par le vendeur sur les deux exercices précédant la vente; sommes pouvant rester dues par le copropriétaire vendeur au syndicat des copropriétaires et sommes qui seront dues au syndicat par l'acquéreur; état global des impayés de charges au sein du syndicat; lorsque le syndicat dispose d'un fonds de travaux, la quote-part du fonds de travaux attachée au lot principal vendu);
- le carnet d'entretien de l'immeuble;
- le diagnostic technique global (DTG) des immeubles de plus de 10 ans (qui permet d'assurer l'information des copropriétaires sur la situation générale de l'immeuble et d'envisager d'éventuels travaux mis en œuvre dans le cadre d'un plan pluriannuel de travaux);
- ainsi que les documents liés à la situation du lot vendu (s'il est vendu loué ou s'il a été loué; s'il a fait l'objet de travaux qui ont modifié l'aspect extérieur de l'immeuble et/ou ont touché aux parties communes, ou encore abouti à la transformation des locaux à un usage autre que celui prévu au règlement de copropriété, etc.).

À compter de la conclusion de l'avant-contrat, l'acquéreur d'un logement bénéficie du droit de se rétracter, sans justifier d'un quelconque motif, pendant un délai de 10 jours.

Qu'est-ce que le dépôt de garantie ?

Au moment de la signature, il est d'usage que l'acquéreur verse au notaire un dépôt de garantie représentant 5 à 10 % du prix de vente (déduits du prix de vente versé à l'issue du processus). Cette somme dédommagera le vendeur si l'acquéreur refuse de réaliser la transaction à tort ou en dehors du délai de rétractation. Mais l'acquéreur pourra récupérer ce dépôt s'il met en œuvre son droit de rétractation dans ce délai.

Étape 3 : obtenir son prêt et signer la vente

L'avant-contrat mentionne les modalités du financement de l'acquisition. Lorsqu'il indique que le prix est payé à l'aide d'un prêt immobilier, une condition suspensive d'obtention d'un ou plusieurs prêts immobiliers doit obligatoirement être mentionnée. Elle signifie que l'acquéreur peut, s'il n'obtient pas son crédit, renoncer à la vente tout en récupérant son dépôt de garantie... à condition de ne pas être de mauvaise foi. L'avant-contrat prévoit le délai laissé à l'acquéreur pour satisfaire à la condition d'obtention du financement. Il est assez rare que la demande de prêt se heurte à un refus, mais il se peut en revanche que l'acquéreur ne l'obtienne pas aux conditions qu'il souhaitait.

« Le notaire vérifie un certain nombre d'informations : le titre de propriété du vendeur, la situation du bien au regard des règles d'urbanisme, l'existence de servitudes, etc.

À l'issue de la signature, l'acquéreur se voit remettre les clés du bien (sauf s'il a été prévu qu'elles ne seraient remises qu'ultérieurement), en contrepartie du règlement du prix de vente. Le vendeur ne reçoit pas directement le prix de vente : celui-ci est remis au notaire, car il lui faut encore accomplir certaines démarches (remboursement du prêt immobilier du vendeur éventuellement en cours sur le bien, mainlevée des inscriptions hypothécaires, règlement des charges de copropriété, etc.). Ce n'est qu'alors que le notaire pourra procéder au virement du solde du prix de vente sur le compte du vendeur.

Le notaire ne remet aux parties, le jour de la signature, qu'une simple attestation de vente. Le titre de propriété lui-même sera délivré après l'achèvement des formalités de publicité au fichier immobilier, en même temps que le décompte définitif des frais liés à la vente.

FICHE
32

Acheter ou vendre en viager : un choix tendance ?

Alors que le revenu médian des retraités est de 1 760 € nets[1], le viager peut apparaître comme l'une des pistes pour se constituer, le jour venu, un complément de revenus appréciable (1 000 € mensuels environ en Île-de-France), tout en continuant à habiter son logement. D'autant que les rentes viagères ne sont imposables que pour une partie de leur montant et de manière dégressive suivant l'âge du vendeur. Pour le vendeur, cela peut être l'occasion de réaliser une affaire intéressante. Alors, pourquoi ne pas se lancer ?

Quelles sont les conditions pour conclure une vente en viager ?

Toute personne disposant de sa capacité juridique peut recourir à ce type de vente. Toutefois, le contrat n'est valable que si la date de survenance du décès reste imprévisible. La vente peut ainsi être annulée si l'état de santé du vendeur est déjà altéré au moment de la signature du contrat.

Si le viager est conclu entre les membres d'une même famille, il convient également d'être prudent : outre les conflits familiaux que cela risque d'engendrer, l'opération ne doit pas paraître trop avantageuse pour le vendeur, faute de quoi l'administration fiscale pourrait l'assimiler à une donation déguisée.

Comment déterminer le prix de vente ?

Au moment où la transaction est signée, l'acquéreur verse en principe une partie du prix de vente au comptant : c'est le « bouquet ». S'y ajoute chaque mois, jusqu'au décès du vendeur, une somme d'argent versée : c'est la « rente », dont le montant dépend non seulement de l'importance du bouquet, mais également de l'espérance de vie du vendeur (calculée par les compagnies d'assurance en fonction de leurs tables de mortalité) et du fait qu'il continue d'habiter ou non le logement.

Le montant finalement versé au titre de l'acquisition est donc aléatoire : si le vendeur décède précocement, le prix versé par l'acquéreur sera inférieur à la valeur vénale du bien. Au contraire, si le vendeur vit plus longtemps qu'il n'était prévisible, l'acquéreur aura versé un prix supérieur.

À l'heure actuelle, plus des trois quarts des vendeurs en viager ont plus de 70 ans. L'âge moyen du vendeur est de 75 ans, âge auquel on estime l'espérance de vie théorique à 13 ans.[2]

1. Selon une étude de la Direction de la recherche, des études, de l'évaluation et des statistiques (DREES), « Les retraités et la retraite », 2018 : www.drees.solidarites-sante.gouv.fr/IMG/pdf/vue_d_ensemble.pdf
2. www.leparticulier.lefigaro.fr/jcms/p1_1714757/les-chiffres-du-mois-d-avril-2018

VENTES EN VIAGER DE 2016 À 2018 EN ÎLE-DE-FRANCE

Type de biens	Localisation	Assiette fiscale*	Bouquet*	Rente par mois*
Appartements	Paris	300 000 €	100 000 €	1 200 €
Appartements	Île-de-France hors Paris	164 700 €	50 000 €	750 €
Appartements	Île-de-France	220 000 €	70 000 €	980 €
Maisons	Île-de-France	183 500 €	50 000 €	754 €

* Valeurs médianes calculées à partir de la base BIEN. L'assiette fiscale correspond à la valeur du bien déclarée à l'administration fiscale.

Le viager, une opération intéressante ?

Génératrice de revenus réguliers pour le vendeur, la vente en viager est également intéressante pour l'acquéreur dans la mesure où il peut espérer acquérir le bien à un prix inférieur à celui du marché. En outre, sur un marché où il y a pour l'instant plus d'offres que de demandes, il peut prendre son temps pour sélectionner le logement avec soin, sans craindre la flambée des prix. Enfin, le vendeur, encore occupant du bien, continue à l'entretenir.

Pourtant chaque année, 5 000 et 10 000 transactions seulement sont réalisées en viager, ce qui représente environ 1 % des ventes.[1] Paris, dont le parc est composé majoritairement d'immeubles, concentre la moitié des opérations en Île-de-France, sans doute à cause du prix élevé des logements dans cette zone.

En cause : l'incertitude dans laquelle se trouve l'acquéreur quant à l'époque à laquelle il pourra enfin disposer du bien. Pendant toute cette période d'attente, l'acquéreur engage le capital qui a servi à financer le bouquet et la rente (d'autant plus que la somme déboursée ne peut pas se financer avec un prêt bancaire), alors qu'il ne peut pas habiter le bien et doit donc avoir un autre logement. Il risque donc d'être découragé par la perspective de devoir verser une rente trop longtemps. Le vendeur, quant à lui, peut souhaiter transmettre son bien à ses héritiers.

Des fonds spécialisés pour mutualiser le risque

En marge de la transaction de gré à gré apparaissent, depuis quelques années, des fonds offrant la constitution de portefeuilles de biens vendus en viager. Ce mode de transaction permet de mutualiser le risque attaché au viager, puisque c'est le fonds qui achète plusieurs logements en viager grâce aux placements des acquéreurs de titres. L'inconnue liée à l'espérance de vie de chaque occupant est ainsi diluée entre plusieurs transactions.

On peut acquérir des titres d'un fonds mutualisé à partir de quelques milliers d'euros seulement, alors que le viager traditionnel exige de l'acquéreur de disposer ou d'emprunter l'intégralité du prix de vente du bien.

1. www.leparticulier.lefigaro.fr/jcms/p1_1714757/les-chiffres-du-mois-d-avril-2018

Enfin, le rendement atteint en moyenne 4 à 5 % nets de frais de gestion (selon la qualité des biens acquis, leur prix, les frais appliqués par le fonds, etc.).
Toutefois, dans le viager mutualisé, l'acquéreur ne sera jamais propriétaire d'un logement, puisqu'il n'acquiert que les titres du fonds. Il réalise donc surtout un placement. Un autre inconvénient tient à ce que l'épargne consacrée à cet investissement peut demeurer immobilisée longtemps (au moins 5 ans) avant de servir ses premiers rendements. En effet, l'investisseur sera principalement rémunéré par la plus-value réalisée lors de la revente du bien par le fonds, après le décès d'un occupant.

Comment être sûr que la rente sera bien versée ?

Pour garantir le paiement des rentes, le vendeur (le « crédirentier ») peut prévoir l'insertion de certaines clauses dans le contrat de vente :

- une clause résolutoire l'autorisant à reprendre son bien si les rentes ne sont plus versées par l'acquéreur (le « débirentier ») ;
- une clause lui permettant de conserver les rentes versées, en cas de résiliation du contrat de vente ;
- une clause prévoyant les conséquences d'un décès du débirentier avant celui du crédirentier.

Enfin, le vendeur a intérêt à stipuler dans l'acte que la rente pourra être augmentée :

- par le jeu d'une clause d'indexation fondée, par exemple, sur l'évolution des loyers ;
- par la libération du bien, en cas de viager occupé.

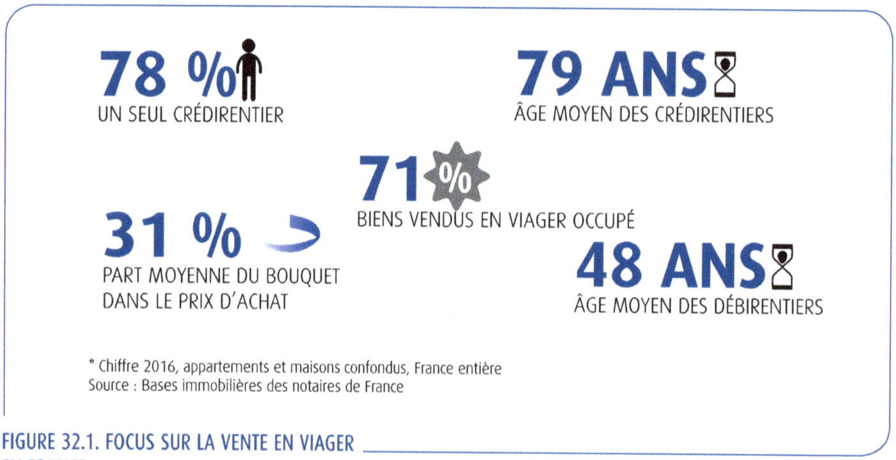

FIGURE 32.1. FOCUS SUR LA VENTE EN VIAGER EN FRANCE

Acheter ou vendre un bien aux enchères. Et pourquoi pas ?

Des ventes aux enchères peuvent être organisées à l'amiable par les notaires. Elles permettent de réaliser la transmission de tous types de biens immobiliers (appartements, maisons, châteaux, terrains à bâtir, bureaux, parkings, caves, etc.). C'est même le mode de vente privilégié par certains acteurs institutionnels (administration des Domaines, État, associations caritatives, etc.) séduits par la rapidité, la transparence et la sécurité de ce mode de vente. Les textes offrant aux notaires une certaine latitude pour mettre en œuvre la vente, ce sont les règles proposées par Paris Notaires Services, en ce qui concerne les biens vendus dans les locaux de la Chambre des notaires de Paris, qui seront ici présentées à titre d'exemple. Mais les notaires étant également libres d'organiser dans leurs offices des ventes aux enchères, il peut exister d'autres pratiques en la matière.

Petit lexique

Adjudication : vente aux enchères publiques qui résulte soit d'une vente forcée au terme d'une procédure judiciaire, soit d'une décision du vendeur. La vente est, dans ce dernier cas, « amiable ».
Enchère : offre de payer un prix plus élevé.
Surenchère du dixième : droit pour tout candidat acquéreur de remettre en cause une vente aux enchères pendant un certain délai, en offrant un prix supérieur de 10 % à celui proposé par l'acquéreur qui a remporté les enchères.
Mise à prix : prix de départ des enchères.

Une transaction rapide

Le bien immobilier peut être vendu en deux à trois mois seulement, car le notaire prépare l'acte de vente sans attendre de connaître l'acquéreur.

Les ventes aux enchères judiciaires sont-elles différentes ?

Tandis que la vente notariée est amiable, la vente judiciaire est une vente forcée, initiée par un ou plusieurs créanciers. Le bien étant adjugé lors d'une audience judiciaire, le recours à un avocat est ici obligatoire.
Dans cette procédure, le prix de mise en vente n'est pas représentatif de la valeur du bien, mais plutôt du montant de la créance due, car il est fixé par le ou les créanciers poursuivant(s). En pratique, les biens sont ainsi vendus à des prix inférieurs de 20 à 30 % en moyenne à ceux du marché, sauf dans les marchés tendus (Paris, certaines villes de la Côte d'Azur, etc.).

La transaction se réalise le jour de l'adjudication, sous réserve d'éventuelles conditions suspensives. Le vendeur fixe la date des enchères en accord avec son notaire.

Le prix est versé dans les 45 jours suivant la vente aux enchères (délai fixé par le cahier des charges), sans qu'aucun délai de réflexion ni condition relative à l'obtention d'un prêt ne puissent être opposés au vendeur. Dès le paiement, l'acquéreur peut entrer en possession du bien.

Une transaction transparente

Chaque vente fait l'objet d'une large publicité : outre les annonces des sites internet immobiliers ou de certains journaux, des informations détaillées sont fournies par le programme officiel des ventes aux enchères et un site dédié (www.immonotairesencheres.com).

Les conditions de la vente sont recensées dans un « cahier des charges » rédigé par le notaire et mis à disposition des personnes intéressées trois semaines avant la vente.

Librement accessible à tous, la vente se déroule en public et chacun peut prendre connaissance, en temps réel, des offres exprimées par un geste de la main ou de vive voix. L'adjudication est faite au dernier et meilleur enchérisseur, sans que le vendeur puisse privilégier quiconque.

Contrairement à une vente classique, le prix se forme donc de manière parfaitement transparente : il n'est pas négocié entre les seules parties, mais résulte de la confrontation des offres de tous les candidats acquéreurs présents dans la salle des ventes. Le vendeur ne réalise donc ni une « bonne » ni une « mauvaise » affaire en optant pour les enchères : il obtient le prix réel du marché au jour de la vente.

Le vendeur a cependant la possibilité de fixer un « prix de réserve », ce qui lui garantit que le bien ne sera pas vendu si les enchères n'atteignent pas au moins un certain montant. Le prix de réserve ne peut cependant pas excéder la valeur de l'estimation. Ainsi, lorsque le bien est évalué à 100 000 €, le prix de réserve doit être de 100 000 € au plus.

Dans les 10 jours qui suivent la vente, tout amateur peut faire une surenchère du dixième du montant de la dernière adjudication. Dans ce cas, une nouvelle et dernière vente est organisée sur cette base.

Une transaction sécurisée

Le vendeur est conseillé par le notaire à toutes les étapes du processus : expertise du bien, choix de la mise à prix, préparation du cahier des charges, fixation de la date de la vente, publicité et visites.

Au jour de l'adjudication, les opérations sont menées et contrôlées par un notaire, en sa qualité d'officier public. Il veille notamment à ce qu'aucun candidat acquéreur ne soit favorisé.

Mais attention : considérant que les règles spécifiques de la vente aux enchères protègent suffisamment l'acheteur (possibilité de visiter le bien et de consulter le cahier des charges détaillant les conditions de la vente, versement d'un chèque de garantie pour pouvoir enchérir, etc.), le législateur ne fait ici bénéficier cet acheteur ni du délai de rétractation, ni de la condition suspensive d'obtention de prêt traditionnellement attachés à la vente d'un bien immobilier (voir fiche 31). Pour éviter les mauvaises surprises, il est donc plus que recommandé de visiter soigneusement le bien avant la séance de vente et de se fixer un prix d'enchère à ne pas dépasser.

Pour aller plus loin

Annonces immobilières, programmes et résultats des séances de ventes : www.immonotairesencheres.com. Ce site proposera dès 2019 la possibilité de suivre sa candidature en ligne pour enchérir sur un bien immobilier à distance avec le mode d'enchères par téléphone. Sur la vente aux enchères dématérialisées, voir également la fiche 23.

La vente au cadran est-elle une vente « aux enchères inversées » ?

Dans la vente au cadran, un prix de départ est fixé (plus élevé que celui du marché en général), ainsi qu'un prix de réserve. Une fois la vente démarrée, le prix de vente baisse toutes les 30 secondes. Un acquéreur potentiel qui considère que la maison est à son prix peut cliquer sur un cadran numérique. Mais la vente ne se réalise pas encore : le vendeur demeure libre de choisir l'offre qui lui convient le mieux (en fonction notamment du plan de financement de l'acquéreur) parmi celles qui lui ont été adressées, voire de ne pas vendre du tout.

Traditionnellement utilisée dans les marchés aux bestiaux et la criée aux poissons, cette modalité de vente a été adaptée pour la première fois en juillet 2017 au marché de l'immobilier sur le site d'une start-up nantaise, baptisée Kadran. immo, pour commercialiser une ancienne ferme.[1]

Cette solution permet au vendeur d'ajuster le prix de vente – souvent fixé au départ à un niveau plus élevé que la valeur vénale du bien – en quelques minutes. Quant aux acquéreurs potentiels, ils peuvent voir en direct les autres personnes intéressées formuler leur offre d'achat, ce qui leur permet de ne pas surenchérir à l'aveugle.

Mais si la dégressivité des prix évoque des enchères à l'envers, cette innovation ne relève pas du tout de l'enchère immobilière. « C'est simplement une technique de recherche d'acquéreurs », souligne Antoine Dejoie, vice-président du Conseil supérieur du notariat.[2] La vente au cadran appartient en effet à la famille des procédures d'appels d'offres organisées par les notaires pour permettre au vendeur d'un bien de trouver un acquéreur.

Ainsi, durant les 20 minutes laissées à disposition des acquéreurs pour formuler leur offre d'achat en ligne dans le cadre d'une vente au cadran, rien n'est encore acté. Le processus normal de vente s'enclenche : les offres sont transmises au vendeur et, si ce dernier accepte l'une des offres, un avant-contrat est signé (promesse ou compromis). L'acquéreur bénéficie donc d'un délai de rétractation et de la protection attachée à la clause suspensive liée au refus de prêt, deux possibilités au contraire exclues de la vente aux enchères classique.

---

1. Le figaro.fr immobilier, 11 septembre 2017.
2. Lemonde.fr, 18 septembre 2017.

FICHE 34

Les frais liés à la vente : qui paie quoi ?

La vente d'un bien immobilier occasionne des dépenses : certaines concernent la transaction, d'autres l'acquisition du statut de propriétaire. Si l'acte de vente peut répartir certaines de ces charges entre le vendeur et l'acquéreur, cela n'est pas toujours possible. État des lieux.

Les dépenses liées à la transaction

Le vendeur supporte un grand nombre des dépenses nécessaires :

- le coût des diagnostics obligatoires (amiante, plomb, électricité, etc.) ;
- lorsque le bien vendu fait partie d'une copropriété, le coût des documents à établir pour informer l'acquéreur, avant la vente, du montant des charges de copropriété (pré-état daté et état daté) ;
- les frais de mainlevée des inscriptions hypothécaires (démarches nécessaires en cas d'octroi, par la banque lors de l'achat, d'un prêt immobilier avec une garantie hypothécaire, pour qu'il soit constaté que le bien immobilier n'est plus grevé d'une garantie en raison du remboursement du prêt par le vendeur lors de la vente du bien) ;
- la taxation de la plus-value immobilière, si le vendeur revend le bien plus cher qu'il ne l'a lui-même acquis, sous réserve des exonérations existantes (sur la fiscalité immobilière, voir fiche 12).

Toutefois, c'est à l'acquéreur de supporter les frais dits « de notaire », variables suivant la nature du bien, sa localisation, le montant de la transaction et son ancienneté. Ces frais s'élèvent à environ 7 à 8 % du prix de vente pour un logement ancien et entre 2 et 3 % pour un logement neuf.

De quoi les frais dits « de notaire » sont-ils vraiment composés ? Exemple pour un achat de 300 000 €. Le total des frais représente 7,57 % du prix de vente, soit 22 700 €. Comment ce montant se répartit-il ?

Le point sur les frais dits « de notaire »

Contrairement à une idée reçue, ce sont les taxes, et non la rémunération du notaire, qui constituent l'essentiel des frais de notaire. Ceux-ci comportent ainsi :

- les « débours », c'est-à-dire les sommes que le notaire verse à des tiers (géomètres, etc.) pour le compte des clients ;
- les divers impôts que le notaire perçoit pour le compte du Trésor public : TVA, droits de mutation (droits d'enregistrement et taxe de publicité foncière), etc.

Ainsi, pour l'achat d'un bien immobilier de 300 000 €, les frais dits « de notaire » s'élèvent à 22 700 € environ, dont seuls 3 700 € HT reviennent au notaire.

À noter : depuis le 1er janvier 2015, tous les paiements d'un montant supérieur à 3 000 € reçus ou émis par un notaire pour le compte des parties à une vente immobilière doivent obligatoirement être réalisés par virement bancaire. Dans un tel cas, le notaire n'acceptera pas de chèque (même de banque).

Le site de la Chambre des notaires de Paris offre un outil interactif permettant d'estimer les frais d'acquisition d'un bien en fonction de ses caractéristiques : www.paris.notaires.fr/fr/outils-et-services/calcul-de-frais-d-achat

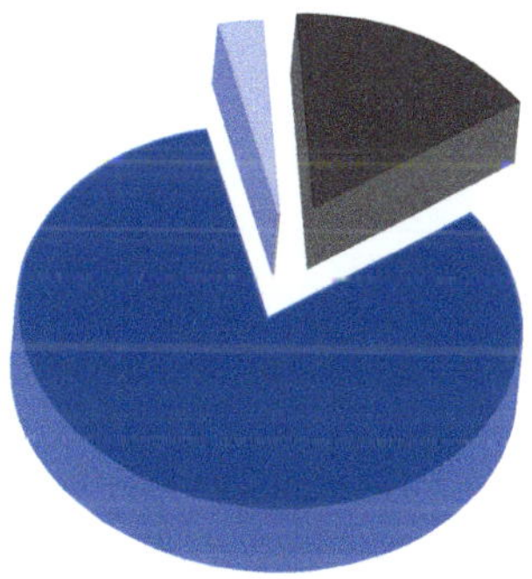

FIGURE 34.1. RÉPARTITION DES FRAIS DE NOTAIRE

Les dépenses liées à la propriété du bien immobilier

> **Dans la vente d'un lot de copropriété, l'acquéreur et le vendeur se répartissent les dépenses et charges de la copropriété.**

Lorsque le transfert de propriété intervient au milieu de l'année civile, par exemple au 1er juillet, les parties peuvent se demander quelle quote-part des charges liées à la propriété doit demeurer à la charge du vendeur et celle incombant à l'acheteur.

En matière de taxe foncière, seul celui qui était propriétaire au 1er janvier, c'est-à-dire le vendeur, est en principe redevable. Toutefois, il est d'usage de prévoir une répartition de la taxe foncière entre le vendeur et l'acquéreur *prorata temporis* (en fonction du temps pendant lequel chacun a été propriétaire).

En ce qui concerne les dépenses de copropriété, il est souvent convenu entre les parties ce qui suit :

- l'acquéreur supportera les charges de copropriété à compter de la signature de l'acte de vente ;
- l'acquéreur remboursera le vendeur des charges acquittées pour le trimestre en cours au jour de la vente, en fonction du temps restant jusqu'à la fin du trimestre, ainsi que des avances versées (fonds de roulement, fonds de réserve, etc.) ;
- si des travaux ont été votés par le vendeur avant l'avant-contrat, sans avoir été intégralement payés, le vendeur rembourse par anticipation à l'acquéreur le montant des appels de fonds afférents ;
- si des travaux sont votés entre le compromis et la vente, il est d'usage de prévoir qu'ils seront à la charge de l'acquéreur, à condition que le vendeur lui donne pouvoir d'assister à l'assemblée générale à sa place.

Interview de Bertrand Savouré : « Le rôle du notaire dans la vente immobilière »

En France, toute vente immobilière passe par le notaire. En tant qu'officier public, il veille à l'efficacité et à la bonne exécution du contrat, conférant ainsi une sécurité particulière aux transferts de propriété des biens immobiliers. Mais son intervention permet aussi de renseigner l'une ou l'autre partie sur la manière d'organiser l'opération en fonction de leurs attentes et de leurs besoins particuliers.

Président de la Chambre des notaires de Paris et notaire à Paris, Bertrand Savouré met en lumière le rôle du notaire dans la vente immobilière et l'ambition particulière des Notaires du Grand Paris.

> **« Le notaire doit éclairer son client et lui apporter son conseil en fonction des objectifs poursuivis.**

Quelles sont les garanties procurées par l'intervention obligatoire d'un notaire lors d'une vente immobilière ?

Le notaire apporte tout d'abord à son client une information sur les lois applicables à toute vente immobilière, ainsi que sur le contexte particulier de son achat ou de sa vente : il doit non seulement éclairer son client, mais aussi lui apporter son conseil en fonction des objectifs poursuivis.

Le notaire vérifie également les faits relatés dans le contrat : l'identité des parties au contrat, leur statut matrimonial, le titre de propriété du vendeur, la situation hypothécaire du bien, les servitudes conventionnelles et les règles d'urbanisme applicables, etc.

Enfin, le notaire garantit l'efficacité du contrat en s'assurant que ses clauses permettront d'atteindre les intentions des parties et sont conformes à la réglementation applicable. Son intervention prévient ainsi toute contestation ultérieure.

Les vérifications opérées par le notaire contribuent à garantir la sécurité juridique des transactions immobilières.

Pourquoi le processus de la signature de l'acte de vente prend-il si longtemps ? Le notaire peut-il l'accélérer ?

Le délai moyen de la conclusion d'une vente immobilière, depuis la rencontre du vendeur et de l'acquéreur jusqu'à la signature de l'acte définitif, est d'environ trois mois. Trois éléments expliquent cette durée.

Premier élément : les diligences du notaire. Pour constituer le dossier, le notaire accomplit diverses démarches administratives et de nombreuses vérifications. Sur cette étape, le notaire peut aller vite : en un mois, le dossier peut être prêt, parfois même plus rapidement.

Mais il faut aussi tenir compte d'un deuxième élément, tenant aux délais légaux, notamment en matière de droits de préemption : droit de préemption du locataire, droit de préemption de la commune, etc. Le notaire doit évidemment attendre la fin du délai légal pendant lequel le bénéficiaire de l'un de ces droits peut le faire jouer.

Enfin, troisième élément, il faut compter avec la mise en place du financement. L'acquéreur doit rencontrer sa banque, comparer son offre avec celles de concurrents, souscrire une assurance, respecter des délais légaux pour l'acceptation de l'une de ces offres, etc. Le notaire ne peut rien faire pour accélérer cette étape car elle est entièrement entre les mains de l'acquéreur et de la banque !

Un projet d'achat ou de vente immobilière s'inscrit-il dans le cadre d'une stratégie patrimoniale plus large et quelle aide le notaire peut-il m'apporter à cet égard ?

L'immobilier constituant la partie centrale du patrimoine du ménage, le notaire est chargé de réaliser la transaction, mais il doit également porter un regard beaucoup plus général sur la composition du patrimoine et sur les incidences de l'acquisition. Le conseil du notaire est donc nécessairement transversal.

L'investissement immobilier soulève de nombreuses questions :

- le financement : si je vends un logement, vais-je en racheter un autre ou prendre une location ?
- la structure choisie : vais-je acheter en indivision ou constituer une société ? Celle-ci sera-t-elle civile ou commerciale ?
- le partage des droits sur le bien, en cas d'acquisition en couple notamment : qu'adviendra-t-il en cas de séparation ? Que se passe-t-il si le prêt immobilier n'est pas remboursé par les deux ?
- le devenir du bien : comment assurer la protection de mon conjoint si je décède ? Comment transmettre le bien si j'ai plusieurs enfants ? etc.

> **L'acquéreur et le vendeur peuvent choisir le même notaire.**

Le rôle du notaire est de faire surgir les questions qui – en fonction de la situation de chacun – doivent être prises en compte.

Si je n'ai pas encore trouvé le bien immobilier que je souhaite acquérir (ou un acheteur pour le bien immobilier que je vends), est-il utile que je rencontre mon notaire en amont du projet ?

Rencontrer le notaire pour préparer sa démarche, c'est judicieux quand on envisage de vendre un bien immobilier. Cela permet de gagner un temps considérable en pré-constituant le dossier, notamment en réunissant les nombreuses pièces rendues obligatoires par la loi

ALUR dès le stade de l'avant-contrat. On évite ainsi de perdre du temps... et donc un acheteur potentiel.

Du côté de l'acheteur, l'enjeu est un peu différent. Le notaire peut donner de nombreux renseignements : quels seront les délais de la vente, à quoi engage une promesse de vente, etc. Il peut aussi conseiller le particulier sur l'élaboration d'une stratégie patrimoniale et la manière d'y insérer un achat immobilier. Mais il ne peut pas aider son client à préparer l'achat immobilier si le bien n'a pas encore été trouvé, car les pièces à réunir pour une vente sont, pour l'essentiel, apportées par le vendeur.

L'acheteur et le vendeur peuvent-ils s'adresser au même notaire ?

L'acheteur et le vendeur peuvent parfaitement choisir le même notaire. Ce professionnel est en effet tenu d'une obligation de neutralité et d'impartialité : sa déontologie lui fait obligation de conseiller les deux parties.

Mais avoir son propre notaire permet de créer avec lui une relation personnelle et confidentielle. C'est important : pour que le conseil soit réellement personnalisé et adapté, il peut être nécessaire d'évoquer sa situation familiale, la composition de son patrimoine, d'éventuelles difficultés financières, ses objectifs de transmission, etc. Il est significatif que, souvent, on ne parle pas d'« un » notaire, mais de « son » notaire. Cela exprime bien la relation d'exclusivité que l'on souhaite entretenir avec ce professionnel.

En outre, recourir à deux notaires pour une vente immobilière ne coûte pas plus cher car les textes prévoient que, en cas d'intervention de plusieurs notaires dans la rédaction ou la réception d'un acte, l'émolument (c'est-à-dire la partie des frais de notaire qui rémunère le ou les notaires) est partagé entre eux.

Les Notaires du Grand Paris : avancer aux côtés des clients

Expert du patrimoine familial et juriste de proximité, le notaire est appelé à voir son rôle de tiers de confiance renforcé à l'heure de la métropolisation des territoires. Le projet du Grand Paris illustre, au niveau de la région francilienne, que la transformation en cours suscite autant d'espoir que d'inquiétude.

C'est ce qu'atteste un sondage réalisé par l'IFOP en décembre 2018.[1]

Si une grande majorité des Franciliens s'attend à ce que le Grand Paris leur offre de nouvelles perspectives de logement et permette de déconcentrer le marché de l'immobilier parisien grâce aux nouvelles lignes de transports, beaucoup manifestent une réelle appréhension en ce qui concerne, notamment, l'accession à la propriété. 90 % des sondés pensent ainsi que le projet de réaménagement de la région francilienne entraînera une hausse du coût de l'immobilier !

Les attentes sont fortes vis-à-vis des notaires, car deux tiers des sondés estiment que ces professionnels ont un rôle important à jouer au sein du Grand Paris. Ils sont en effet vus comme susceptibles d'apporter conseils et solutions (dans le cadre d'un projet immobilier, d'une succession, etc.).

C'est dans ce contexte que 800 offices et 2 500 notaires de la région francilienne ont décidé de se regrouper autour de la marque « Notaires du Grand Paris ». Sécuriser les parcours résidentiels, imaginer des solutions adaptées à la réalisation des objectifs d'une clientèle qui se caractérise par sa diversité... les Notaires du Grand Paris veulent s'engager pour répondre aux préoccupations de leurs clients. Sur un marché immobilier où les prix atteignent des records, ils veulent en particulier prendre l'engagement d'innover pour inventer des modes d'accession à la propriété et ainsi limiter le prix du foncier : transmissions aux enfants sur une durée plus courte, recours au viager, mise en place de super baux, nouveaux modes de partage de la propriété (voir fiche 5), etc.

1. www.ifop.com/publication/les-franciliens-et-le-grand-paris/

Bien choisir son logement

FICHE 36

Acheter dans l'ancien : à quoi faut-il faire attention ?

Le parc immobilier ancien permet d'accéder à une offre non seulement moins onéreuse que dans le neuf, mais également plus abondante et dans des secteurs souvent prisés (quartiers historiques, centres-villes, proches des écoles, des transports publics, des commerces, etc.). Lorsqu'il souhaite disposer rapidement d'un logement et le visiter avant d'acheter, l'accédant à la propriété peut préférer porter son choix sur l'ancien. Il s'épargne également, de la sorte, les tracas et aléas inhérents à un projet de construction. Pourtant, tout acquéreur doit avoir conscience qu'un bien ancien suppose autant de vigilance.

Un bien ancien est-il réellement moins cher ?

Un bien est dit « ancien » lorsqu'il a été construit depuis plus de 10 ans, ce qui correspond au délai pendant lequel les garanties des constructeurs peuvent être mises en œuvre.[1] Aussi est-il généralement 20 à 30 % moins cher que le neuf pour des prestations équivalentes (même type de bien, même surface, même environnement).

> **« La faiblesse relative du prix des biens anciens est compensée par le fait que l'acquéreur doit consentir des dépenses que n'occasionnent pas, normalement, les biens neufs.**

Outre qu'il ne peut bénéficier des avantages fiscaux attachés à la construction d'un logement (par exemple l'exonération de la taxe foncière pendant 2 ans à compter du 1er janvier de l'année suivant celle de l'achèvement des travaux), l'acquéreur doit d'abord acquitter des frais dits « de notaire » beaucoup plus importants (sur les frais de notaire, voir fiche 34). Ainsi, dans le cas d'un bien acquis pour 300 000 € et hors garantie liée au prêt, les frais d'acquisition atteignent 22 700 € dans l'ancien, quand ils ne s'élèvent qu'à 7 100 € dans le neuf.

Par ailleurs, l'utilisation, l'amélioration et la détention d'un logement entraînent des coûts dont l'importance dépend en partie de l'ancienneté du bien. Édifié à l'aide de matériaux moins performants que ceux utilisés dans la construction actuelle, ce type de logement entraîne en principe une surconsommation énergétique par rapport à un bien neuf et peut même nécessiter des travaux de mise aux normes coûteux. Comme tout bien physique, il a également connu une altération progressive à laquelle il faudra peut-être remédier au travers de dépenses d'entretien lourdes. Lorsque le bien est compris dans une copropriété, l'acquéreur doit en outre acquitter les charges afférentes, ce qui est toutefois également le cas pour un bien neuf (voir fiche 34). Il est donc important de veiller à consulter les différents diagnostics techniques transmis à l'acheteur avant la signature de l'acte de vente définitif

1. Il est à noter que, fiscalement, toutefois, un bien est neuf s'il a été construit depuis moins de 5 ans.

(performance énergétique du bien, électricité, gaz, etc.), sans oublier de vérifier, par soi-même ou avec l'aide d'un professionnel, l'état du bâti (toiture, charpente, plafonds et planchers, etc.) et des équipements (électricité, plomberie, chaudière, etc.) (sur ces diagnostics, voir fiche 31).

Pourrai-je utiliser ce logement pour mener à bien mon projet ?

Si l'acquéreur envisage d'adjoindre une extension au bien, il lui faut vérifier la conformité de son projet avec les règles d'urbanisme et les contraintes de droit privé qui s'appliquent à toute construction nouvelle (voir fiche 37). De même, il existe certaines règles à respecter en cas de travaux de rénovation (voir fiche 38).

Il est également important de se demander si le bien acquis pourra recevoir l'utilisation à laquelle l'acquéreur le destine : dans le cas contraire, une action en justice risque d'empêcher son utilisation postérieurement à la vente. Si, par exemple, l'acquéreur souhaite exploiter une partie du logement acquis dans le cadre de sa profession, ou encore entend le louer sur des sites tels qu'Airbnb, il convient de vérifier que cette affectation est compatible avec les règles légales (urbanisme, code de la construction et de l'habitation, etc.) et avec celles relatives à l'ensemble dans lequel s'insère le logement (règlement de copropriété ou de lotissement).

Enfin, si le logement est acquis en vue d'un investissement locatif, il convient, sous peine de lourdes sanctions pénales et civiles, qu'il ait un caractère « décent » au sens de la loi, c'est-à-dire :

- ne présente pas de risque pour la sécurité physique ou la santé du locataire (matériaux de construction, canalisations, revêtements ou branchements d'électricité et de gaz ; bon état d'entretien et de sécurité du bâtiment et de ses accès, etc.) ;
- comprenne au moins une pièce d'une surface minimale de 9 m^2 et une hauteur sous plafond minimale de 2,20 mètres, ou un volume habitable de 20 m^3 ;
- soit doté d'équipements le rendant conforme à un usage d'habitation (chauffage, eau potable, cuisine ou coin cuisine aménagé, WC, baignoire ou douche, éclairage suffisant, etc.).

Cette réglementation est complétée par l'interdiction – visant à empêcher la création de « chambres de bonnes » – de diviser un immeuble d'habitation en lot d'une superficie inférieure à 14 m^2 et d'un volume habitable inférieur à 33 m^3.

Pourrai-je facilement revendre mon bien ?

L'acquisition du logement satisfait peut-être les objectifs immédiats de l'acquéreur – trouver un toit, réaliser un investissement locatif, etc. – mais, dès l'achat, l'idéal serait de se projeter à plus long terme en envisageant le « coup d'après », c'est-à-dire en se demandant si le bien pourra être facilement revendu. Des motifs familiaux ou professionnels imprévus peuvent en effet toujours imposer une revente plus tôt que prévu. Même sans cela, il ne faut pas négliger le fait que le logement constitue généralement la richesse principale d'un ménage. Dès lors, le risque de moins-value doit être pris en compte dans un souci de bonne gestion patrimoniale.

Il est opportun de vérifier si les travaux et/ou constructions antérieurement réalisés sur le bien ont reçu les autorisations adéquates, sous peine de se voir condamner à remettre les locaux en l'état. On pense bien entendu aux autorisations d'urbanisme, mais également aux autorisations de la copropriété ou du lotissement (voir fiches 36 et 37). En matière de copropriété, par exemple, l'un des contentieux les plus fréquents provient de l'appropriation indue de parties communes, en particulier en ce qui concerne les appartements qui se trouvent en dernier étage et dont les propriétaires sont tentés de récupérer, à leur profit, tel morceau de couloir ou de palier. À supposer même que les travaux aient été autorisés, encore faudra-t-il vérifier qu'ils ont été réalisés conformément à l'autorisation...

Enfin, la « qualité environnementale du bien » est devenue un élément de valorisation immobilière de plus en plus significatif. La performance énergétique a une influence certaine sur la valeur marchande des logements, au moins dans les zones où l'abondance de l'offre de logements permet aux acheteurs de renoncer aux biens les plus « énergivores » (voir fiche 17). De même, la localisation de l'habitation sur un terrain pollué ou dans un périmètre de risques naturels (risques sismique, d'inondation, de feux de forêt, etc.), miniers ou technologiques peut être un élément anxiogène en cas de revente.

Au regard des aléas et des contraintes qui entourent l'accession à la propriété, l'achat « coup de cœur » est ainsi une tentation dont les acquéreurs doivent se garder, au moins le temps de vérifier qu'ils ne risquent pas une douloureuse désillusion.

Bien monter son projet de construction

Faire construire permet de donner corps au logement dont on a véritablement rêvé, tout en évitant pendant un certain temps les inconvénients d'un habitat ancien (réparations, performances énergétiques, etc.). Mais l'acquéreur d'un terrain à bâtir doit bien étudier son projet avant de s'engager. À défaut, sa concrétisation risque d'être laborieuse et/ou ruineuse. Voici les différentes étapes à suivre.

Choisir un terrain

Certains points doivent impérativement être vérifiés avant la signature du compromis de vente d'un terrain :

- nature du terrain : un sol argileux ou composé de remblais, par exemple, peut nécessiter le recours à des matériaux de construction onéreux. C'est pour cette raison que la loi dite « Élan » (loi portant évolution du logement, de l'aménagement et du numérique) du 23 novembre 2018 a entendu imposer au vendeur d'un terrain non bâti constructible de fournir une étude géotechnique (une étude de sol), dès lors que le terrain se situe dans une zone exposée au phénomène de mouvement de terrain différentiel consécutif à la sécheresse et à la réhydratation des sols ;
- viabilité : le raccordement aux réseaux publics d'eau, d'électricité, de téléphone, d'Internet et d'assainissement, s'il n'est pas déjà assuré, peut occasionner d'importants travaux.

Les imprévus sont moins nombreux quand on achète une parcelle en lotissement (résultant de la division d'un terrain en plusieurs lots) : chaque parcelle d'un lotissement doit en effet être bornée avant la vente et viabilisée par le lotisseur, sa constructibilité étant également vérifiée. Mais, en contrepartie, le prix d'achat du terrain est plus élevé et un cahier des charges restreint souvent – voire impose – le choix des matériaux (par exemple l'utilisation d'une forme et d'une couleur de tuiles, des coloris pour le ravalement de la façade, un type de clôtures, etc.).

Dans tous les cas, l'acquéreur doit encore vérifier que le terrain correspond bien à ses attentes. Emplacement (proximité de transports en commun, de commerces, d'écoles, etc.), voisinage (caractère résidentiel, présence de sites industriels, etc.), orientation et exposition du terrain, par exemple, peuvent ne pas répondre aux besoins ou aux goûts de l'acquéreur. Enfin, la configuration du terrain peut rendre le projet irréalisable… ou réalisable moyennant un important surcoût (en raison du terrassement d'un terrain en pente, par exemple).

Vérifier la compatibilité du projet avec les règles d'urbanisme et les contraintes et servitudes éventuelles

Solliciter en mairie un « certificat d'urbanisme opérationnel » est recommandé. Ce document renseigne sur les limitations administratives de propriété (droit de préemption) ou encore sur les taxes d'urbanisme applicables (raccordement à l'égout, voirie, etc.). Il indique aussi si la localisation et la destination de la future construction sont compatibles avec le terrain en cause. Dans tous les cas, l'obtention d'un permis de construire est obligatoire pour une construction neuve.

Celui qui acquiert un terrain pour y construire son logement doit par ailleurs prendre connaissance des servitudes éventuelles, car celles-ci peuvent affecter le projet. Une servitude est un droit liant deux parcelles voisines : l'une subit la servitude (le « fonds servant ») ; l'autre en profite (le « fonds dominant »). Par exemple, la servitude de passage oblige le propriétaire du fonds servant à laisser ses voisins (occupant le fonds dominant) traverser sa propriété ; une servitude de vue imposée à une propriété (fonds servant) limite les possibilités d'aménager des ouvertures, fenêtres ou autres, donnant sur la propriété voisine (fonds dominant). Que la servitude soit imposée par la loi (servitude de passage, par exemple), par convention conclue entre voisins, ou qu'elle découle de la situation naturelle des lieux (écoulement des eaux, bornage, etc.), elle est dans tous les cas de nature à limiter la marge de manœuvre du propriétaire.

Des obligations supplémentaires peuvent enfin exister en fonction des particularités du projet de construction (par exemple en matière de mitoyenneté, si un mur privatif est construit à la limite de la propriété) ou de son insertion dans un lotissement (car un lotissement est soumis à un règlement et à un cahier des charges spécifiques).

Conclure un contrat pour la construction de la maison

Une fois la régularité du projet examinée, il reste à choisir les professionnels qui interviendront, mais aussi à fixer l'étendue de leur mission. Les différentes solutions envisageables n'offrent pas toutes les mêmes garanties à l'acquéreur.

- Le « contrat de construction de maison individuelle » (CCMI), conclu avec un constructeur, est le plus réglementé. Il soumet notamment le paiement des travaux à un échéancier impératif, de manière à éviter que l'intégralité du prix ne soit versée alors que les travaux s'éternisent.
- Lorsque le « maître d'ouvrage » (celui pour qui les travaux sont réalisés) choisit de faire réaliser les gros travaux (construction des murs, de la toiture, etc.) par différents professionnels, il doit signer un contrat d'entreprise avec chaque corps de métier (maçon, couvreur, plombier, électricien, etc.).
- Une solution intermédiaire consiste à signer un contrat de maîtrise d'œuvre avec un « maître d'œuvre » (par exemple un architecte) qui coordonnera les travaux.

Peu encadrées, les deux dernières formules réclament une vigilance particulière. En particulier, le coût définitif du projet ou sa durée peuvent être difficiles à estimer dans la mesure où plusieurs entreprises interviennent. Il est donc prudent de prévoir une marge de sécurité.

Pourquoi ne pas acheter sur plan ?

La « vente en l'état futur d'achèvement » (VEFA) permet de se porter acquéreur d'un logement qui n'est pas encore construit. Cette formule présente de nombreux avantages : paiements échelonnés au fur et à mesure de l'avancée des travaux ; pas de recherche de terrain ni de démarches à accomplir pour vérifier sa constructibilité ; le promoteur assure le suivi des travaux, etc.

Revers de la médaille : la réception du bien (pour constater les malfaçons éventuelles) s'effectue entre le promoteur et le constructeur. L'acquéreur n'entre en jeu qu'au moment de la livraison du bien et, en cas de problème, peut seulement faire constater les désordres apparents.

FICHE 38

Un logement « avec travaux ». Une bonne affaire ?

Si bricoler dans votre nouveau logement ne vous fait pas peur, vous pouvez espérer réaliser des économies en acquérant une maison « avec travaux ». À condition de respecter certaines règles.

Déclaration préalable ou permis de construire ?

En fonction de la nature et de l'ampleur des travaux entrepris, la rénovation d'un logement peut entraîner l'obligation soit de déclarer les travaux, soit de solliciter une autorisation de la mairie (« permis de construire »).

Sont ainsi soumis à une déclaration de travaux :

- le ravalement de façade ou la modification de l'aspect extérieur d'un bâtiment existant (par exemple l'installation de panneaux solaires) ;
- la création d'une emprise au sol ou d'une surface de plancher comprises entre 5 m² et 20 m² (ou 40 m² si la construction est située dans une zone urbaine d'une commune couverte par un plan local d'urbanisme ou un document assimilé, comme un plan d'occupation des sols).

Que faut-il entendre par...

« Emprise au sol » : projection verticale du volume de la construction, tous débords et surplombs inclus (par exemple un balcon).
« Surface plancher » : somme des surfaces de plancher closes et couvertes sous une hauteur sous plafond supérieure à 1,80 m. Calculée à partir du nu intérieur des murs, cette surface exclut les épaisseurs correspondant à l'isolation, ainsi que certaines surfaces : vides, trémies, etc.

Les constructions nouvelles requièrent quant à elles une demande de permis de construire, sauf dans les cas où elles sont simplement soumises à déclaration préalable, ou encore lorsqu'elles sont de faible ampleur (constructions dont la surface et la hauteur sont respectivement inférieures ou égales à 5 m² et 12 m², piscines dont la surface est inférieure ou égale à 10 m², etc.).
De même, exigent une autorisation d'urbanisme les travaux sur une construction existante qui :

- ajoutent une surface de plancher ou une emprise au sol supérieures à 20 m² (40 m² si la construction est située en zone urbaine d'une commune dotée d'un plan local d'urbanisme ou d'un plan d'occupation des sols) ;
- ajoutent entre 20 et 40 m² de surface de plancher ou d'emprise au sol et ont pour effet de porter la surface totale de la construction à plus de 150 m² ;

- modifient les structures porteuses ou la façade et s'accompagnent d'un changement de destination (commerce transformé en habitation);
- ou portent sur un immeuble inscrit au titre des monuments historiques ou se situant dans un secteur sauvegardé.

Ainsi, si vos enfants vous réclament à cor et à cri une cabane, n'oubliez pas de respecter le droit commun des constructions. Il vous faudra procéder à une déclaration préalable si elle fait entre 5 et 20 m² de surface de plancher, ou déposer un permis de construire au-delà de 20 m² de surface de plancher.[1] N'hésitez pas à vous renseigner au service urbanisme de votre commune pour connaître la réglementation applicable.

Enfin, des formalités spécifiques sont parfois nécessaires en raison de la localisation de l'habitation (secteur sauvegardé, par exemple), de sa nature (monument historique, copropriété, lotissement, etc.) ou en cas de changement de destination du bien immobilier (voir fiche 39).

Le recours à un architecte

Si l'intervention d'un architecte est obligatoire pour les travaux soumis à permis de construire, d'autres en sont au contraire dispensés:

- les travaux créant une surface de plancher et d'emprise au sol de la partie de la construction constitutive de surface de plancher inférieure à 150 m² (ce seuil était, pour les permis de construire déposés avant le 1er mars 2017, de 170 m²);
- les travaux d'aménagement intérieur ou limités à des reprises n'entraînant pas de modifications visibles de l'extérieur.

Un surcoût souvent indispensable: l'assurance dommages ouvrage

La souscription d'une assurance spécifique, préalablement à l'ouverture du chantier, est obligatoire dès lors qu'un particulier fait réaliser certains travaux:

- ceux qui mettent en cause la solidité de la construction ou de ses éléments d'équipement indissociables (chauffage central, par exemple);
- ceux qui peuvent rendre le logement inhabitable ou impropre à l'usage auquel il est destiné (défaut d'étanchéité, par exemple).

Même si ces dommages sont aussi couverts par la « garantie décennale » du professionnel (C. civ., art. 1792 et suivants), l'assurance permet d'obtenir une indemnisation plus rapide.

1. Ces « cabanes » peuvent être assimilées à des habitations légères de loisirs si elles sont implantées dans les emplacements mentionnés à l'article R. 111-38 du Code de l'urbanisme et si la surface de plancher est inférieure ou égale à 35 m²: elles peuvent donc être installées dans les arbres d'un terrain de camping, d'un parc résidentiel de loisirs, de certains villages de vacances ou encore de certaines dépendances des maisons familiales de vacances moyennant une simple déclaration préalable.

À défaut de l'avoir souscrite, en cas de revente dans un délai de 10 ans suivant l'achèvement des travaux, le propriétaire sera personnellement responsable vis-à-vis du nouvel acquéreur.

Acheter son logement entraîne souvent des travaux[1]

D'après l'Insee, près de 30 % des ménages avaient réalisé des travaux sur leur résidence principale (dans le cadre d'une copropriété) sur une période de 1 an en 2013. C'est dire que, même lorsque l'on n'achète pas un logement vétuste ou « à rénover », sa détention entraîne fréquemment la nécessité de procéder à des travaux. Dans la moitié des cas, ces travaux visent l'embellissement du bien, moins souvent son entretien courant (10 % des cas) ou la réparation d'un équipement (25 % des cas).

S'agissant des propriétaires ayant acquis leur logement récemment, 4 sur 10 ont réalisé des travaux dans l'année précédant l'enquête (menuiserie, isolation ou finition du logement, agrandissement, ravalement, réfection des toitures). La moitié a dépensé plus de 4000 €, mais les primo-accédants dépensent deux fois moins que les autres car ils ont souvent consacré l'essentiel de leur épargne à leur acquisition.

1. Insee Références, Les conditions de logement en France, édition 2017.

Peut-on transformer un local commercial en habitation ?

En raison de la pénurie de logements ou parce qu'un local commercial recèle parfois des trésors (hauteur sous plafond, verrière industrielle, poutres métalliques, briques apparentes, etc.), de plus en plus nombreux sont les acheteurs séduits par ce type de bien. La transformation d'un tel local en habitation nécessite pourtant d'importants travaux... et de nombreuses démarches.

Le logement de vos rêves à un prix défiant toute concurrence

Conçus pour un usage autre que d'habitation, les locaux commerciaux sont en principe dépourvus de certains des éléments de confort nécessaires à une habitation : salon, cuisine, salle de bains, etc. Fréquemment situés dans un lieu de passage, ils peuvent aussi manquer d'éclairage naturel. Toutes ces raisons expliquent que leur prix d'achat soit souvent inférieur de 20 à 40 % à celui d'une habitation, de même surface, située en rez-de-chaussée.

Mais attention : l'acquisition d'un local commercial pour y habiter n'est pas nécessairement synonyme de « bonne affaire », car le coût des travaux de transformation peut être élevé. C'est en particulier le cas lorsque le local n'est pas déjà desservi par les réseaux divers (eau potable, électricité, téléphone, etc.). Il est donc recommandé de procéder à l'estimation du coût du chantier avant la vente, afin de négocier le prix et de vérifier la faisabilité du projet d'acquisition.

Le revers de la médaille : des contraintes légales et administratives nombreuses

Il serait en outre dangereux de procéder à la transformation du local commercial sans suivre les étapes imposées par la réglementation en vigueur.

1re étape : vérifier si aucune règle n'interdit la transformation envisagée

Le plan local d'urbanisme (PLU) ou la carte communale peuvent interdire tout changement de destination commerciale afin, par exemple, de protéger le commerce de proximité. Car changer la destination d'un local commercial implique de priver un quartier de la possibilité de voir s'installer une nouvelle offre de services.

De même, lorsque le local fait partie d'un immeuble en copropriété, le règlement de copropriété doit être consulté pour déterminer la compatibilité du projet avec les règles de fonctionnement de l'immeuble. Des principes similaires sont applicables pour un lotissement.

Enfin, il faut que l'opération respecte certaines normes d'habitabilité et de construction. Par exemple, le logement devra disposer d'au moins une pièce principale ayant une surface ou un volume habitables minimaux.

2e étape : demander les autorisations qu'exigent la nature et l'ampleur des travaux

Un permis de construire est nécessaire si les travaux aboutissent à une modification des structures porteuses ou de la façade de l'immeuble. Mais pour des travaux plus modestes, si par exemple il s'agit seulement de procéder à un aménagement intérieur, une déclaration préalable suffit (voir fiche 38 sur la distinction entre permis de construire et déclaration de travaux).

Par ailleurs, quand le local appartient à une copropriété et que le projet affecte les parties communes (notamment pour l'ouverture d'un mur porteur) ou l'aspect extérieur de l'immeuble (en particulier pour l'agrandissement des portes ou fenêtres), il doit être approuvé par l'assemblée générale des copropriétaires. Il en est de même s'il entraîne un changement dans la consistance du lot (et donc dans le calcul des tantièmes) ou s'il modifie la répartition des charges de copropriété.

Bon à savoir

Si la copropriété ne s'est pas encore prononcée au moment de la signature du compromis de vente, il est conseillé d'insérer dans l'acte une condition suspensive portant sur l'obtention de l'accord de la copropriété ayant acquis un caractère définitif. Ainsi, l'acquéreur sera libre de tout engagement si cet accord est refusé ou fait l'objet d'un recours ultérieur.

3e étape : prévenir l'administration fiscale

Cette démarche est effectuée par la mairie, à l'occasion du paiement de la taxe d'aménagement due.

En effet, la transformation réalisée entraîne une modification des charges fiscales :

- la contribution économique territoriale (ex-taxe professionnelle) n'est plus due, tandis que la taxe d'habitation devient applicable ;
- l'impôt foncier doit être modifié, car les bases de son calcul diffèrent suivant la destination du local.

Ce n'est qu'à l'issue de toutes ces démarches que vous pourrez, enfin, profiter pleinement de votre nouveau logement.

L'habitat participatif : j'achète solidaire !

Qualifié de « démarche citoyenne » par le législateur[1], l'habitat participatif constitue un mode original – et encore méconnu – d'accès au logement. Cette « troisième voie » concrétise le rêve des particuliers désireux de concevoir, construire et gérer ensemble leurs logements dans un esprit de partage et de solidarité. Les réalisations sont encore peu nombreuses : le site de la Coordin'action nationale des associations d'habitat participatif évalue à environ 500 le nombre de projets aboutis ou en cours.[2] Mais il pourrait en aller bientôt autrement, car la loi confère depuis peu un statut juridique à l'habitat participatif.

Des habitants solidaires... et persévérants

Encouragé par certaines villes comme Paris, Grenoble ou Strasbourg, le choix de réaliser un habitat participatif répond surtout à un choix, de la part des futurs occupants. Désireux de vivre dans un environnement plus écologique ou non standardisé, ou de s'investir personnellement dans le projet, les participants souhaitent souvent aussi créer un logement plus solidaire dans lequel certains espaces (laverie, atelier, chambre d'amis, salle des fêtes, etc.) seront communs.

La mise en œuvre de l'opération suppose toutefois une véritable détermination : trouver les autres participants, se mettre en quête d'un terrain et des financements nécessaires, choisir les matériaux, participer à la conception de la construction et se consacrer – enfin – à la gestion de l'immeuble... Ces contraintes, évidemment plus lourdes que si l'on achetait d'un bâtiment « clé en main », s'inscrivent dans la durée et exigent un réel investissement personnel.

Un régime souple

Cette volonté de construire autrement est aujourd'hui relayée par le droit, puisque la loi ALUR (accès au logement et un urbanisme rénové) du 24 mars 2014 a mis à la disposition de ceux qui se lancent deux formules.

1re formule : la création d'une société d'attribution et d'autopromotion permet à chaque famille de devenir propriétaire de son propre logement. Les participants apportent les fonds nécessaires à la construction (le plus souvent grâce à des prêts individuels). Une fois l'opération achevée, la société peut ou non perdurer pour gérer l'immeuble et les habitants contribuent financièrement à ses charges, notamment à l'entretien et à l'animation des espaces collectifs.

> **Propriétaires ou quasi-locataires, les participants peuvent choisir leur statut.**

1. C. constr. habit., art. L. 200-1.
2. http://www.habitatparticipatif-france.fr/?Accueil

2e formule : les participants optent pour une « société coopérative d'habitants à capital variable ». La construction est alors financée par un emprunt souscrit par la coopérative (représentant environ 80 % du coût du projet) et par les apports des futurs habitants. Titulaires de parts sociales, ces derniers sont un peu dans la même situation que des locataires : ils disposent de la jouissance d'un logement et versent une redevance périodique qui sert à rembourser le prêt immobilier, mais aussi les charges diverses, les provisions pour grosses réparations, les impayés, etc. Toutefois, à son départ, chaque « coopérateur » peut récupérer ses apports initiaux et une partie de ses redevances en vendant les parts sociales qu'il détient à un futur habitant. L'intérêt de ce statut est de permettre à toute personne d'entrer dans la coopérative indépendamment de ses ressources financières grâce, notamment, à une majoration de la partie non récupérable de la redevance.

Quelle que soit la formule retenue, la société doit, avant le commencement des travaux, fixer les bases techniques et financières du projet, la répartition des coûts et des logements, mais aussi disposer d'une garantie d'achèvement de l'immeuble afin de sécuriser l'opération. Les associés doivent encore adopter un règlement fixant les règles de fonctionnement de l'immeuble, car rien ne dit que l'entente entre les habitants ne connaîtra pas des heurts.

Questions à Pete Kirkham, coprésident d'Habicoop, Fédération française des coopératives d'habitants, et à Thomas Berthet, Référent Juridique et Financier d'Habicoop et habitant d'Abricoop

Qu'est-ce qu'une coopérative d'habitants ?

P. K. : Ce qui est spécifique à la coopérative, ce sont non seulement la présence d'espaces partagés par tous les habitants, mais aussi le fait que chacun sera propriétaire de parts de société, et non directement de son logement. Il faut aussi mentionner le caractère non spéculatif de ce projet, qui n'est pas caractéristique de tous les types d'habitats participatifs : les habitants ne peuvent se faire rembourser que des parts sociales et le prix de rachat est strictement encadré par la loi ALUR.

T. B. : Quand on présente la coopérative, on ne commence pas par parler d'habitat, mais de coopération : ce que nous cherchons à proposer, c'est un outil de lutte contre la ségrégation socio-spatiale. Nous poursuivons un objectif – politique – de mixité sociale pérenne.

Peut-on faire le choix d'un habitat participatif si l'on a de faibles ressources ?

T. B. : En habitat participatif en général, pour ceux qui, même modestes, disposent de ressources suffisantes, il est possible d'envisager une accession sociale à la propriété. Si l'on gagne encore moins, on peut être locataire HLM : certains bailleurs sociaux montent des projets dans lesquels les locataires sont associés à la conception et à la gestion de l'immeuble. En coopérative d'habitants, les montages financiers sont très variés. Ce qui compte n'est pas l'apport ou les revenus d'un habitant donné, mais que les contributions des uns et des autres équilibrent l'opération. On mutualise les apports et les revenus, ce qui permet de n'exclure personne.

Quelles sont les difficultés que l'on rencontre lorsque l'on souhaite réaliser un habitat coopératif ?

T. B. : Ce qui prend le plus de temps, c'est la prospection foncière. Dans toutes les zones tendues, cette étape est rude car les terrains ou les immeubles sont chers. Le montage juridique et financier méritant d'être accompagné, nous constituons à cette fin des structures régionales recrutant des professionnels spécialisés (à l'image des Unions régionales des Scop).

P. K. : Une autre difficulté tient au caractère collectif du projet : il faut que le groupe se rencontre, détermine les caractéristiques du futur habitat en fonction de ce qui convient à chaque participant.

En pratique, est-il facile de revendre ses parts dans l'immeuble coopératif ?

P. K. : Il ne faut pas qu'arrive quelqu'un qui serait parachuté là par hasard, sans avoir aucune connaissance du fonctionnement d'un ensemble coopératif et du partage de responsabilités qu'il implique.

T. B. : Si quelqu'un part, la coopérative se met en quête d'un nouvel habitant. Idéalement, on choisit sur une liste d'attente. C'est cet agrément qui permet de maintenir le caractère coopératif de l'habitat et sa mixité sociale. L'engouement est fort, nous ne sommes donc pas inquiets !

CONCLUSION

Les clés de l'immobilier : les conseils des notaires pour acheter au bon prix et en toute sécurité

L'ambition de fournir les clés de l'immobilier

Identifier et répondre aux problématiques que soulève l'accession à la propriété en 40 fiches seulement : le défi lancé aux auteurs de cet ouvrage était à la hauteur de l'enjeu que représente, pour les particuliers, le fait de devenir propriétaire.

Face à la multiplicité des questions qu'entraîne ce projet, et plus encore face à la complexité des réponses à leur apporter, il est pourtant apparu essentiel d'offrir au lecteur une vision claire et synthétique de chaque aspect de l'accession à la propriété. Il s'agissait, en somme, de lui fournir les « clés de l'immobilier ». Car, si cette accession est pour beaucoup un rêve, porteur de réalisations aussi bien intimes que matérielles, il est néanmoins indispensable de tout mettre en œuvre pour éviter que ce rêve ne tourne court, faute d'avoir été suffisamment préparé.

Quand est-ce le bon moment pour acheter ou pour vendre ? Quels risques vais-je prendre en me lançant ? Il convient d'abord de bien mesurer l'opportunité d'un tel investissement. Compte tenu de son importance pour le budget familial, l'accession à la propriété doit être soigneusement mesurée au regard des risques financiers qu'elle comporte. L'évolution du marché, des taux ou des moyens financiers disponibles peuvent finalement parfois justifier de s'abstenir et de demeurer locataire, ou encore de se contenter de réaliser un investissement locatif.

Une fois la décision prise, il s'agit ensuite de déterminer comment approcher le « vrai » prix de l'appartement ou de la maison que l'on convoite. Emplacement, qualité énergétique, taille du logement… l'ouvrage s'est efforcé, en prenant appui sur les données des bases notariales immobilières, d'éclairer le lecteur sur les éléments qui participent effectivement à valoriser un bien, mais aussi sur la manière de bien s'informer sur les démarches à accomplir et, enfin, de lui permettre d'identifier les professionnels qui peuvent l'accompagner dans son parcours.

Enfin, reste la mise en œuvre de l'accession à la propriété. À rebours des idées reçues, la vente immobilière peut se réaliser de bien des manières : de la vente en viager à l'habitat participatif, en passant par les enchères dématérialisées ou l'acquisition d'un local commercial, les modalités de l'opération sont aussi variées que le sont les projets des acquéreurs. À tous les accédants, les professionnels de l'immobilier, et en particulier les membres du notariat, procurent leur conseil et leur accompagnement pour acquérir au bon prix et en toute sécurité.

Cette réflexion aux multiples facettes doit corriger ou éclairer l'attrait qu'exerce le statut de propriétaire, synonyme de réussites multiples.

L'accession à la propriété : un rêve de plus en plus difficile à réaliser

L'idée s'est imposée, chez nos concitoyens, que la propriété immobilière constituerait le mode du logement de référence, le modèle qu'il convient de diffuser.

À certains, il procure l'autonomie désirée : indépendance par rapport à un bailleur, liberté de conformer son logement à ses critères de confort et d'esthétique propres, etc. Plus que jamais, l'air du temps est à l'individualisme et à la recherche d'un mode de logement qui permette de marquer son territoire et d'être souverain chez soi. Il est significatif, à cet égard, que la France urbaine de 2019, marquée par la mobilité, rêve majoritairement encore d'être propriétaire d'une maison individuelle.

À d'autres, nombreux, accéder à la propriété offre la seule perspective raisonnable de se constituer une épargne. Il est plus facile de se discipliner dans la gestion de son budget lorsqu'il s'agit d'honorer le remboursement d'un prêt immobilier que pour se constituer un portefeuille financier, dépense somme toute facultative comparée à la nécessité de s'abriter. D'autant que les dépenses de logement ne sont ici pas réalisées à « fonds perdus » : le patrimoine immobilier peut être revendu, donné, transmis aux enfants, avec une forte perspective de gain en capital... *Via* l'emprunt immobilier, l'accession à la propriété contribue à l'enrichissement et, par là-même, à la réussite sociale. Il est même, pour beaucoup, le seul véritable facteur d'enrichissement au cours d'une vie. Selon Durkheim, « la perspective de transmettre héréditairement les produits de notre travail est devenue le ressort par excellence de notre activité. [...] Ce qui nous attache au travail, c'est qu'il est pour nous le moyen d'enrichir le patrimoine domestique, d'accroître le bien-être de nos enfants. »[1]

L'acquisition immobilière nourrit, de même, la promesse – du moins l'espoir – de réduire, une fois le crédit immobilier remboursé, le poids de ses dépenses de consommation quand, en moyenne, les Français consacrent près de 20 % de leurs revenus aux dépenses de logement,

1. Pierre Bourdieu cité *in* Catherine Bonvalet, « Sociologie de la famille, sociologie du logement : un lien à redéfinir », *Sociétés Contemporaines*, 1997, n° 25, p. 25 et s.

selon les données de l'Insee qui intègrent les loyers, les remboursements d'emprunt et les charges, et déduisent les aides au logement.

Et pourtant, le modèle traditionnel de la propriété présente aussi quelques inconvénients.

Non seulement parce qu'il demeure un gouffre entre le désir d'accéder à ce statut de propriétaire et la réalité du marché immobilier. Certes, le coût du crédit a beaucoup diminué du fait de l'évolution des taux des prêts immobiliers : de 2008 à 2018, la baisse de ces taux a procuré environ 30 % de pouvoir d'achat supplémentaire aux ménages. Néanmoins, le coût de l'accession à la propriété progresse car, sur la même période, les prix ont augmenté beaucoup plus rapidement, en moyenne nationale, que l'inflation et le revenu des ménages : tant les prix de l'acquisition immobilière proprement dite que ceux, par ricochet, des loyers pratiqués dans le parc locatif privé. De ce fait, l'acquisition d'un logement s'avère parfois inabordable, surtout dans les zones urbaines. Ainsi s'explique que le taux de propriétaires stagne depuis 10 ans, alors qu'il n'avait cessé de croître depuis les années 1980 : moins de 60 % des ménages sont aujourd'hui propriétaires de leur résidence principale. Dans le même temps, le secteur des HLM n'arrive plus à absorber la demande des ménages des classes populaires, voire moyennes, qui souhaitent s'y loger. Si bien que beaucoup n'ont d'autre choix que d'abandonner progressivement le centre des métropoles pour émigrer dans les zones périurbaines, souvent éloignées de leur travail, avec les inconvénients d'ordre environnemental et social que cela comporte.

Par ailleurs, l'acquisition du statut de propriétaire ne résout pas une fois pour toutes les difficultés du parcours résidentiel d'un ménage au cours de sa vie. Les besoins peuvent évoluer au gré du temps qui passe et des heurts de la vie : décomposition et recomposition de la famille à la suite de la séparation du couple parental ; arrivée des enfants puis départ du nid familial, qui exigent d'adapter le logement ; handicap ou maladie liés à l'âge, qui nécessitent de quitter la maison sur trois étages pour un appartement en copropriété et de plain-pied, etc. Ces évolutions sociologiques expliquent que l'accession à la propriété s'apparente à un processus de longue haleine, davantage qu'elle ne se résume à l'acquisition d'un bien unique. L'accédant à la propriété doit donc, dès la conclusion de son premier achat immobilier, veiller à prendre en compte les aléas (chômage, séparation conjugale, maladie handicapante, mobilité géographique, etc.) qui risquent de l'obliger à vendre afin que cette revente, si elle s'avère nécessaire, se réalise dans les meilleures conditions.

La propriété, un modèle à renouveler

Le modèle traditionnel de la propriété ne répond plus complètement aux besoins des ménages. Or, un modèle de référence qui n'arrive plus à satisfaire les attentes des citoyens, c'est un modèle qui mérite d'être rénové.

Certes, la propriété est vecteur de progrès.

Vecteur de progrès économique, tout d'abord, car elle concourt au dynamisme économique de la France. L'adage énoncé au XIXe siècle par Martin Nadaud, député de la Creuse et ancien maçon, se vérifie toujours : « Quand le bâtiment va, tout va ». Même si le poids de la construction dans l'économie française n'a cessé de baisser depuis les années 1970, les quelque

400 000 entreprises du secteur, pour la plupart des TPE et PME, continuent à pourvoir de nombreux emplois.

Vecteur de progrès social, ensuite. Un consensus s'est largement établi autour de la conviction que devenir propriétaire favoriserait la responsabilisation des individus, et donc la stabilité sociale, en suscitant une plus forte implication des habitants dans la vie de leur cité. Le propriétaire occupant, en particulier, s'investit en principe plus activement dans l'entretien de son logement et il est plus attentif à son environnement, plus désireux d'assurer la valorisation de son bien. Il contribue ainsi à l'amélioration du cadre de vie de l'ensemble du voisinage.[1] Par comparaison, le propriétaire bailleur manifeste davantage de réticence à entreprendre les travaux de rénovation et d'entretien de son bien.[2]

Vecteur de progrès environnemental, enfin. L'acquisition d'un bien ancien s'accompagne souvent de travaux d'amélioration (réhabilitation, isolation thermique, remplacement du système de chauffage, etc.) qui favorisent une transformation bénéfique à la collectivité tout entière. L'État encourage d'ailleurs cette transformation au travers d'aides directes ou indirectes (Eco-PTZ, aides de l'Anah ou de l'Ademe, etc.) ou en imposant la réalisation de travaux à l'occasion, précisément, de la vente (par exemple en matière de mise en conformité des installations d'assainissement non collectif).

Mais il faut comprendre que les prérogatives qui sont classiquement attachées au droit de propriété par l'article 544 du Code civil[3] – notamment les caractères de droit perpétuel et absolu sur le bien immobilier – ne correspondent plus toujours aux besoins des ménages. En d'autres termes, ce modèle dominant n'est plus toujours désirable entre tous ni pour tous. À bien regarder ce qui se pratique dans les pays étrangers, on ne peut d'ailleurs que constater qu'il n'existe pas de modèle unique de propriété et que le nôtre ne saurait, dès lors, être revêtu d'une quelconque supériorité !

La propriété ne peut continuer à être vue comme un mode de logement exclusif des autres modes de logement que constituent la location dans le secteur privé ou la location au sein du parc HLM. L'exemple de l'Allemagne témoigne de ce que le statut de locataire n'est pas toujours un « second choix » : à peine plus de 50 % des Allemands sont propriétaires, selon les chiffres d'Eurostat. Sans doute parce que la loi allemande protège les locataires de manière particulièrement efficace, mais aussi parce que le parc locatif privé, abondant, leur offre un vaste choix de logements moyennant des loyers généralement tempérés (même s'il peut exister des pics locaux. À Berlin, la part des locataires est encore bien plus élevée et concerne près de 80 % des habitants (contre 65 % à Paris).

---

1. Centre d'analyse stratégique, « Favoriser la mobilité résidentielle en modifiant la fiscalité du logement », *La note d'analyse*, n° 196, octobre 2010.
2. Clément Schaff, « Faut-il encourager l'accession à la propriété ? », *Regards croisés sur l'économie*, n° 9, 2011/1, p. 120 à 129.
3. C. civ., art. 544 : « La propriété est le droit de jouir et disposer des choses de la manière la plus absolue, pourvu qu'on n'en fasse pas un usage prohibé par les lois ou par les règlements. »

Plus encore, il convient d'assouplir les contours du droit de propriété afin d'apaiser la tension entre la demande de logements urbains bien situés et les prix qui rendent le marché immobilier inabordable pour beaucoup. Ne pas tenir compte de l'évolution des besoins des ménages, c'est condamner le droit de propriété à ne plus être un modèle pleinement fonctionnel au XXIe siècle. Pour lui conserver sa finalité et sa légitimité, il faut au contraire savoir faire preuve d'innovation et d'agilité juridiques.

Or, nombreux sont ceux qui ne désirent pas acquérir un droit pour le transmettre à leurs héritiers : soit parce qu'ils n'ont pas de descendants, soit parce qu'ils n'acquièrent le bien que de manière temporaire (un premier appartement avant que la famille ne s'agrandisse), soit parce qu'ils cherchent avant tout à réaliser un investissement locatif (par exemple un logement d'étudiant à Paris), soit, enfin, parce qu'ils ont besoin avant tout de se loger.

C'est pourquoi cet ouvrage s'est également efforcé de tracer les pistes qui pourraient permettre aux ménages d'accéder à la propriété à moindre prix. La dissociation entre le foncier (demeurant entre les mains d'un bailleur) et le bâti (sur lesquels certains droits réels peuvent être transmis au ménage) constitue une des pistes ouvertes. De même, certaines formules reposant sur la prise en compte de l'usage d'un bien, plutôt que sur sa propriété, peuvent être explorées : il en est ainsi de la « propriété à vie », où l'acquisition d'un bien est proposée à un ménage pour une durée viagère ou de long terme (par exemple 50 ans), ou encore de l'habitat participatif, qui permet de partager des espaces communs.

L'indispensable accompagnement de l'accession à la propriété

L'accession à la propriété et les mutations du droit de propriété doivent, par ailleurs, être accompagnées.

Il doit s'agir, d'abord, d'un accompagnement de l'État aux côtés de l'accédant. La mobilisation des pouvoirs publics autour d'une réforme de l'accession à la propriété ne saurait, en des temps de disette budgétaire, reposer sur l'engagement de nouvelles dépenses. Il convient donc d'opérer un recentrage des aides existantes vers la création de logements neufs, et principalement sociaux, ce qui conduit à encourager avant tout l'accession à la propriété de ceux qui en ont le plus besoin. Les aides doivent reposer sur la prise en compte de la situation personnelle du bénéficiaire et devenir des « aides à la personne », ainsi que le préconisait d'ailleurs dès 1976 le rapport Barre, davantage que cibler tel ou tel type de produit immobilier (HLM, logement neuf, investissement locatif, etc.). Une politique habile en matière de logement doit trouver le moyen d'éviter tout effet d'aubaine, ce qui fut souvent reproché aux aides à la pierre d'il y a 50 ans. Il convient aussi d'aider les propriétaires à améliorer l'état et les performances – notamment énergétiques – de leur logement par des mesures de soutien fiscal tenant compte de leurs efforts d'investissement. L'instauration d'un « chèque logement », éventuellement consommable sur la durée et/ou rechargeable, pourrait être un pas en ce sens. De même, la suppression du poids de la taxe foncière, qui obère le budget du propriétaire, pourrait être envisagée (ainsi qu'elle l'a déjà été pour la taxe d'habitation) au profit de la création d'un impôt unique sur la propriété.

Il doit s'agir, ensuite, d'un accompagnement de l'accédant à la propriété par l'information donnée sur les évolutions des prix de l'immobilier, les biens disponibles, etc. Acheter un logement demeure, plus que jamais, un pari sur l'avenir. Compte tenu de l'augmentation des prix de l'immobilier au cours des 20 dernières années, la possibilité de réaliser une plus-value lors de la revente apparaît aujourd'hui beaucoup plus incertaine qu'il y a 15 ans. C'est pourquoi déterminer ce qu'est le «juste» prix d'un bien immobilier requiert de prendre en compte et d'ordonner les différents facteurs qui contribuent à sa valorisation, d'identifier les tendances propres au marché sur lequel se situe, géographiquement, le bien en cause, de vérifier enfin que le prix proposé est conforme au prix du marché. L'ensemble des informations indispensables est aujourd'hui facilement accessible par le biais des professions de l'immobilier (par exemple au travers des bases notariales immobilières) ou des pouvoirs publics (base PATRIM). L'action ainsi entreprise doit conduire à la constitution, sous une forme à définir, d'un observatoire objectif et accessible des prix de l'immobilier. La mise en place de garanties contre les bulles spéculatives doit également être envisagée car, en dehors des centres des très grosses agglomérations, l'augmentation des prix n'est pas une fatalité et peut être efficacement combattue.

Il doit, enfin, s'agir d'un accompagnement au cours du processus même d'accession immobilière et dans la détermination des modalités les plus adéquates de cette accession. Certes, ce processus est complexe. Les parties à une transaction immobilière – acquéreurs comme vendeurs – peuvent parfois se révéler perplexes face au nombre de démarches à accomplir dans le cadre d'une vente immobilière. Les prescriptions imposées par le législateur se sont alourdies au fil du temps et ont allongé la durée nécessaire à la conclusion de la transaction. Mais cela est justifié par le fait que de nombreuses vérifications sont nécessaires, que les intérêts à protéger sont pluriels et qu'une partie importante du patrimoine des parties est en jeu. La complexité n'est pas synonyme d'opacité tant qu'elle peut être accompagnée. Les différents professionnels intervenant dans la vente jouent un rôle précieux pour simplifier la réalisation des procédures, les accélérer et expliquer ces règles aux parties, ainsi que pour les guider dans les différentes étapes du processus de la vente. La numérisation de l'économie numérique a, elle aussi, concouru à l'efficacité de cet accompagnement. Non pas seulement parce qu'elle permet de diffuser rapidement et de traiter de grandes masses de données qui viennent renforcer la transparence du marché et, par conséquent, la compréhension de ses mécanismes. Mais aussi parce qu'elle autorise la réalisation de très importants gains en termes de confort et de rapidité des démarches entreprises, de réduction des coûts de prestation de service, etc.

Alors que le processus de la vente immobilière se complexifie, tandis que la révolution numérique bouleverse la transmission des informations, comme les modalités de recherche d'un bien immobilier ou les règles présidant à la conclusion des contrats, alors que se dessinent de nouveaux modes d'acheter et de vendre, la nécessité d'accompagner les particuliers dans le processus d'accession à la propriété apparaît, plus que jamais, d'actualité.

À l'échelle qui est la sienne, cet ouvrage a entendu contribuer à l'œuvre de clarification nécessaire.

REMERCIEMENTS

Cet ouvrage n'aurait pu être réalisé sans l'implication de nombreux notaires et collaborateurs de la Chambre qui ont travaillé avec application, détermination et compétence au bon avancement du projet. Qu'ils en soient remerciés, l'ouvrage n'aurait pu voir le jour sans eux et cet effort collectif.

Les statisticiens Alain DAVID, Jean-François COTE et Nelly TAUZIN ont exploité et fait commenter les données de la base BIEN, Christelle GAGNOT et Nicolas DA SILVA TOME les ont déclinées sous forme de graphiques, d'infographies ou de cartes. Tous ont travaillé à les affiner, les commenter et les remettre dans leur contexte sous la direction d'Isabelle SZCZEPANSKI et de Frédérique THOLLON-BARAS, Directrice des Activités Immobilières de Paris Notaires Services. Alain JOUBERT, secrétaire général, et Nathalie GRAFFAGNINO, Chargée de mission, ont coordonné la réalisation de ce projet.

Gérard LACOSTE, ancien directeur général adjoint de l'Institut d'Aménagement et d'Urbanisme de la Région Ile-de-France, et grand spécialiste des marchés immobiliers et Thierry DELESALLE, qui préside la commission des statistiques immobilières de la Chambre de Notaires de Paris ont bien voulu refaire une relecture avisée d'une version intermédiaire de l'ouvrage tout comme Pierre DAUPTAIN qui préside la Commission de l'Ethique et de la pratique notariale ainsi que les membres de cette commission, à savoir Véronique DRILHON-JOURDAIN, Nathalie DUGAUD, Aurélie VANDERHEYDEN, Stéphanie MALAVAL, Olivier CLERMONT, Eric NICOLAI, Christophe NOIREL, Didier RABOULIN, Xavier SOUDE et Pierre-Jean QUIRINS. Leur expertise tant sur le plan juridique que sur celui du marché du logement et de ses problématiques ont été précieuses.

Merci d'avoir choisi ce livre Eyrolles. Nous espérons que sa lecture vous a été utile et vous aidera pour mener à bien vos projets.

Nous serions ravis de rester en contact avec vous et de pouvoir vous proposer d'autres idées de livres à découvrir, des nouveautés, des conseils ou des événements avec nos auteurs.

Intéressé(e) ? Inscrivez-vous à notre lettre d'information.

Pour cela, rendez-vous à l'adresse go.eyrolles.com/newsletter ou flashez ce QR code (votre adresse électronique sera à l'usage unique des éditions Eyrolles pour vous envoyer les informations demandées) :

Vous êtes présent(e) sur les réseaux sociaux ?
Rejoignez-nous pour suivre d'encore plus près nos actualités :

Eyrolles Business et Eyrolles Web Dev et Web Design

Eyrolles Business

Merci pour votre confiance.
L'équipe Eyrolles

P.S. : chaque mois, 5 lecteurs sont tirés au sort parmi les nouveaux inscrits à notre lettre d'information et gagnent chacun 3 livres à choisir dans le catalogue des éditions Eyrolles. Pour participer au tirage du mois en cours, il vous suffit de vous inscrire dès maintenant sur go.eyrolles.com/newsletter (règlement du jeu disponible sur le site).

Impression & brochage SEPEC Numérique
N° d'imprimeur : N21682210982
2e tirage : 2021, octobre
Dépôt légal : octobre 2021
Imprimé en France

IMPRIM'VERT®

PEFC 10-31-1470 / Certifié PEFC / Ce produit est issu de forêts gérées durablement et de sources contrôlées. / pefc-france.org